宮崎正弘

MIYAZAKI MASAHIRO

藤原道長 千年の夢

徳間書店

プロローグ

千年の空間を超えて濃密に静かに歴史は語りかける

藤原道長の埋経

雨交じりの寒い朝、私はふと思い立って東京都世田谷区上野毛にある五島美術館を訪れた。

ここに藤原道長が法華経などを書写し霊峰・金峯山寺《きんぷせんじ》の経塚《きょうづか》に埋めた金箔の書が飾られていると聞いたからだ。

藤原道長が吉野の金峯山寺に埋めた経文は立派な筒に納まり、およそ六百年後の江戸時代にタイムカプセルのごとく奇跡的に発見され、重要文化財に指定された。

おりしも五島美術館では西行の書展が開催されていて、かなりの人出だった。西行は人気の高い歌人で幕末の志士・高杉晋作が、あやかろうと俳号を東行《とうぎょう》と名乗った。

皮肉な偶然である。おなじ「望月《もちづき》」の和歌でも藤原道長は、

「この世をば　わが世とぞ思う望月の

欠けたることも　なしとおもえば」

一方、西行の和歌は厭世観が強い「望月」である。

「願わくは　花の下にて春死なむ
　　その如月《きさらぎ》の　望月のころ」

五島美術館で肝心の道長の埋経は常設展示ではなく、特別な企画展覧期間だけといわれて落胆。カタログを買い求め、帰りの車中で拡げた。四角ばった几帳面な字である。

翌週、ふらり吉野の金峯山寺へ向かった。海抜298メートルの山寺で古代から修験道で知られる。あたりは寒気と霊気に包まれていた。東京駅発の「のぞみ」で京都へ。近鉄に乗り換え、西大寺でまた乗り換え、吉野に着いた。

曲がりくねった山道を歩く。雪はなかった。かつて後醍醐《ごだいご》天皇陵の撮影に二度ほど来た道なのだが、半世紀前に初めて訪れたときは道が分からず、タクシーの運転手に、「後醍醐天皇陵へ」と言うと、「あ、皇居やね」と鸚鵡《おうむ》返しの返事に驚かされた。正確に言うと御陵《ごりょう》（如意輪寺《にょいりんじ》境内の入り口）と「皇居」はやや離れており、後醍醐帝「南朝皇居跡」は金峯山寺に近い吉水《よしみず》神社の敷地にある。

乙巳《いっし》の変（大化元年＝645）で横暴を極めた蘇我入鹿《そがのいるか》と蝦夷《えみし》の親子が討たれ、その庇《ひ》護《ご》下にあった古人大兄王子《ふるひとのおおえのみこ》はすぐさま飛鳥寺で剃髪《ていはつ》し、吉野へ去った。天智《てんじ》天皇の実弟、大海人皇子《おおあまのみこ》（のちの天武《てんむ》天皇）は皇位継承が大友皇子に移行したとき、やはり剃髪《ていはつ》し吉野で隠棲した。天武皇后だった持統《じとう》天皇は夫の死後、吉野へ三十回以上行幸された。

神武東征ではナガスネヒコの妨害で熊野灘へ大きく迂回したカムヤマトイワレビコ（神武天皇）は、八咫烏の案内で吉野を越え飛鳥に入った。吉野はそうした歴史の因縁がつきまとう。壬申《じんしん》の乱に蹶起《けっき》する大海人皇子は吉野から出陣した。その出陣推定地にも立ち寄って写真におさめた。

藤原道長から三百年後、天皇親政の回復を企図して足利軍に敗れた南朝の後醍醐天皇も吉野で隠棲された。

古代の神々の霊気に満ちた吉野の金峯山寺の敷地は広い。静寂が一帯を支配していた。海抜が高いせいか、うっすら霜が降りていた。

寺の案内には次の説明がある。

南朝皇居跡が残る吉水神社

「古くから金《かね》の御岳《みたけ》、金峯山《きんぷせん》と称され、古代から世に広く知られた聖域とされました。白鳳《はくほう》時代に役 行者《えんのぎょうじゃ》が金峯山の山頂にあたる山上ヶ岳で、一千日間の参籠《さんろう》修行された結果、金剛蔵王大権現を感得せられ、修験道のご本尊とされました。（中略）金峯山寺は皇族貴族から一般民衆に至るまでの数多《あまた》の人々から崇敬をうけ、修験道の根本道場として大いに栄えることとなりました」

生前の藤原道長は異様なほど金峯山寺での修行にこだわった。仏教に篤く帰依していたからである。

経典の読書会を何度も何度も主催し、

写経に没頭し、晩年は壮大な大伽藍《だいがらん》を誇る法成寺《ほうじょうじ》を建立した。それもこれも当時の日本人がとらわれていた末法思想の影響が濃厚に存在したからである。ノストラダムスの予言のようにこの世の終わりが、釈迦入滅から千五百年後の永承七年（1052）にくると想定されていた。そこで阿弥陀如来にすがり極楽往生を遂げたいと多くの人々が願った。

藤原道長が書写し、豪華な経筒にその経文を挿《い》れて埋めた（埋経）のが金峯山寺の経塚である。こんにち金峯山寺参道に十数軒の旅籠《はたご》がならび門前町と宿場町を兼ねる。桜と紅葉の季節には夥《おびただ》しい観光客で溢《あふ》れる。

権力の頂点に立った藤原道長の日記（『御堂関白記』）や和歌を読むと、意外に権力欲や俗世の些末事《さまつじ》は遠景となって霞《かす》み、その無常観は西行に通じるものがある。紫式部が書いた恋愛小説『源氏物語』の最後も無常観である。

従来、「この世をば」の和歌ひとつだけを取り上げて道長は比類無き傲慢《ごうまん》、独裁的な権力者というイメージがひとり歩きしてきた。他方で道長は光源氏のモデルとされ、紫式部は愛人だったとする洒脱《しゃだつ》な人生と百八十度も違う。

どちらが道長の実像なのか？

人口に膾炙《かいしゃ》した「わが世とぞ思う望月の」は本当に道長の作なのかと私は兼ねてから疑問に思ってきた。

理由は道長に熾烈《しれつ》な対抗意識を燃やし、ときに軽蔑《けいべつ》していた藤原実資《さねすけ》の『小右記《しょうゆうき》』にしか、この歌のことは出てこないからである。

藤原実資は道長の従兄弟、九歳年上で本来なら「藤原嫡流は俺だ」とする強烈な自尊心がある。しかも『小右記』の、この歌の記録箇所はカタカナ混じり。ほかの箇所のほとんどが漢文で書かれているから不思議である。

『小右記』の原文は、

此世乎ハ我世トソ思望月乃虧タル事モ無ト思ヘハ

道長自身の『御堂関白記』にも寛仁《かんにん》二年（1018）十月十六日に宴会兼歌会のことは記録されている。ところが当該和歌を詠んだという記述はない。同時代の『権記《ごんき》』『左経記』にも、あるいは『紫式部日記』『清少納言日記』『更級日記』『栄華物語（栄花物語）』にも記載がなく、後世の『大鏡』にも、この歌のことは出てこないのである。

奇怪な話ではないか。

ただし同世代の日記、物語に道長の歌が書かれてはいないが、後世の『袋草紙《ふくろぞうし》』と『続古事談《ぞくこじだん》』に引用がある。あきらかに『小右記』からの引用である。

『袋草紙』は平安後期、保元《ほうげん》年間（1156〜1159）に公家の藤原清輔《ふじわらのきよすけ》が著した歌論である。主として歌合《うたあわせ》の資料として貴重な書物。『袋草紙』が取り上げた歌人は紀貫之・大江匡衡《おおえのまさひら》・藤原公任《ふじわらのきんとう》・赤染衛門《あかぞめえもん》・和泉式部《いずみしきぶ》などだ。

『続古事談』に到っては鎌倉初期の説話集で建保七年（1219、同年「承久《じょうきゅう》」と改元）に成立した。儒教の教訓が書かれ、理想的な帝王の姿を説いた、後世の書物ゆえにやはり『小右記』からの重引だろう。


若い頃の道長の漢詩はへたくそ、誤字脱字が多く、当時の教養の度合いがしれる。ところが、壮年から晩年となると修業の結果、その文章、和歌、そして書の熟達ぶりは瞠目《どうもく》に値し、如何に教養と技巧が飛躍したかがわかる。

書家の石川九楊は道長の書を褒めてこう書いた。

「道長の『御堂関白記』と（日本三蹟《さんせき》のひとり藤原）行成《ゆきなり》の『白氏詩巻』との筆跡を比較してみたところ、意外にも道長と行成との間に筆力の差はほとんど認められなかった」（小学館版『大鏡、栄花物語』の口絵解説）。

本当に道長が、「わが世とぞ思う」と詠んだのか？

藤原道長の和歌と書写から推測できることは「史実」との大きな懸隔、その哲学的な乖《かい》離《り》である。

和歌は天地《あまつち》を動かすと藤原定家がいったが、すぐれた和歌には魂を揺さぶる詩魂がある。道長の「我が世」にはそれがない。

「和歌は天地開闢《かいびゃく》から存在しており、永遠の未来へ続いてゆく。和歌は神から人へと伝えられたもので、『いにしへの帝』は和歌でもって君臣和楽の政治をした」（中略）「歌は三十一文字の短小文芸である。短いから大きな思想・宇宙は表現できないと考えるのは間違っている」。そして「神仏と人間は（歌を詠み上げる）音声を媒体として結ばれる」（錦 仁《にしきひとし》『歌合を読む』、花鳥社）。

従来の解釈では「この世」とは「わが生涯」と解けば実感を込めた人生の総括だとしてきた（詳しくは次章）。

しかし私はこのような解釈より、藤原実資の冷笑的文体に独特の世界観を見る。『小右記』を文章心理学で読みとくと、道長より九歳年長だった藤原実資が本当に意図した本音は痛烈な批判文の行間にある。

むろん道長への嫉妬心もある。けれども二人は常に行き来した親しい関係だった。宴席でちょっとした悪戯《いたずら》で口に出たのを書き留め、筆を曲げ加工したのではないか。実資の『小右記』が公となるのは道長の死から三年後（長元三年＝１０３０）であり、『小右記』全61巻の現代語訳16巻（倉本一宏訳）が吉川弘文館から出ている。

道長本人の『御堂関白記』がこの和歌に触れていないことは述べた。詠んだ時期と場所は三女の威子《いし》が後一条天皇の中宮（皇后）となった祝宴を土御門《つちみかど》邸で開催したときで、道長が関白だった最盛期である。

しかし権力の絶頂などといっても道長は武力によって権力を掌握したわけではない。婚姻関係で皇室と強い絆を構築し、人事権を行使し、しかも富を独占せずに慎重な配慮のもと、あちこちに分配して、その権力を維持・拡大させるという権謀術数《マキャベリズム》に長《た》けた政治家だった。

暴力で権力基盤を築くやり方は藤原南家、仲麻呂の時代でひとつの区切りがついていた。藤原仲麻呂は武力蜂起し、朝廷軍の武力に粉砕され一族は斬られた（764年）。道長全盛のおよそ二百五十年前である。

道長と倫子《りんし》との間に生まれた彰子《しょうし》は一条天皇の中宮となり、長男の頼通は摂政・関白を継いだ。五男の教通《のりみち》も関白となった。

妍子《けんし》は三条天皇中宮、威子《いし》は後一条天皇の中宮、そして嬉子《きし》は東宮妃。

もうひとりの妻、明子《めいし》との間には頼宗《よりむね》が右大臣、顕信《あきのぶ》は右馬頭（のちに出家）。能信《よしのぶ》は権大納言、長家《ながいえ》も権大納言、寛子《かんし》は敦明《あつあきら》親王女御、尊子《そんし》は源師房《みなもとのもろふさ》室となっている。

ともかく三人の娘が天皇の中宮となった。極めて稀なことが可能となったのは道長が子宝に恵まれたからである。道長は天皇家の外戚として最高の「権力状況」を生み出した。

この意味するところは盤石の権力ではなく「権力状況」であり、つまり次の政局次第（婚姻関係相関図の変化）で権力の在処《ありか》は変動する。近代政治学でいうところの立憲君主国ではなかったからだ。

道長の息子・頼通の時代こそ藤原北家がもっとも栄華を極めた。藤原頼通の権力トップの座はじつに五十一年も続いた。

道長の統治期間を超えた。祖父から数えて藤原北家の権力は一世紀以上も続いた。その栄華の後、藤原北家の衰退が始まるのは安定していた官僚制度に綻びが生じ、制度疲労に陥って摂関政治が終わりを告げ天皇親政の院政時代に入ったからである。

とはいえ藤原一族は公卿家として明治維新まで生き残り、そののちも爵位を授かって藤原の子孫は現代も絶えていない。大正天皇后は藤原系であり、大東亜戦争開戦のときの首相・近衛文麿は藤原一族の子孫、五摂家のひとつ近衛家の第三十代だった。

さて『小右記』は藤原実資の日記で例の和歌を詠んだ次第は道長に「これから歌を詠むから返歌を考えてくれ」と事前に頼まれていたにもかかわらず、実際に道長の望月の歌を聞くと「あまりにも歌が優美で返歌ができません」と心にもない台詞を吐いて追従し、結

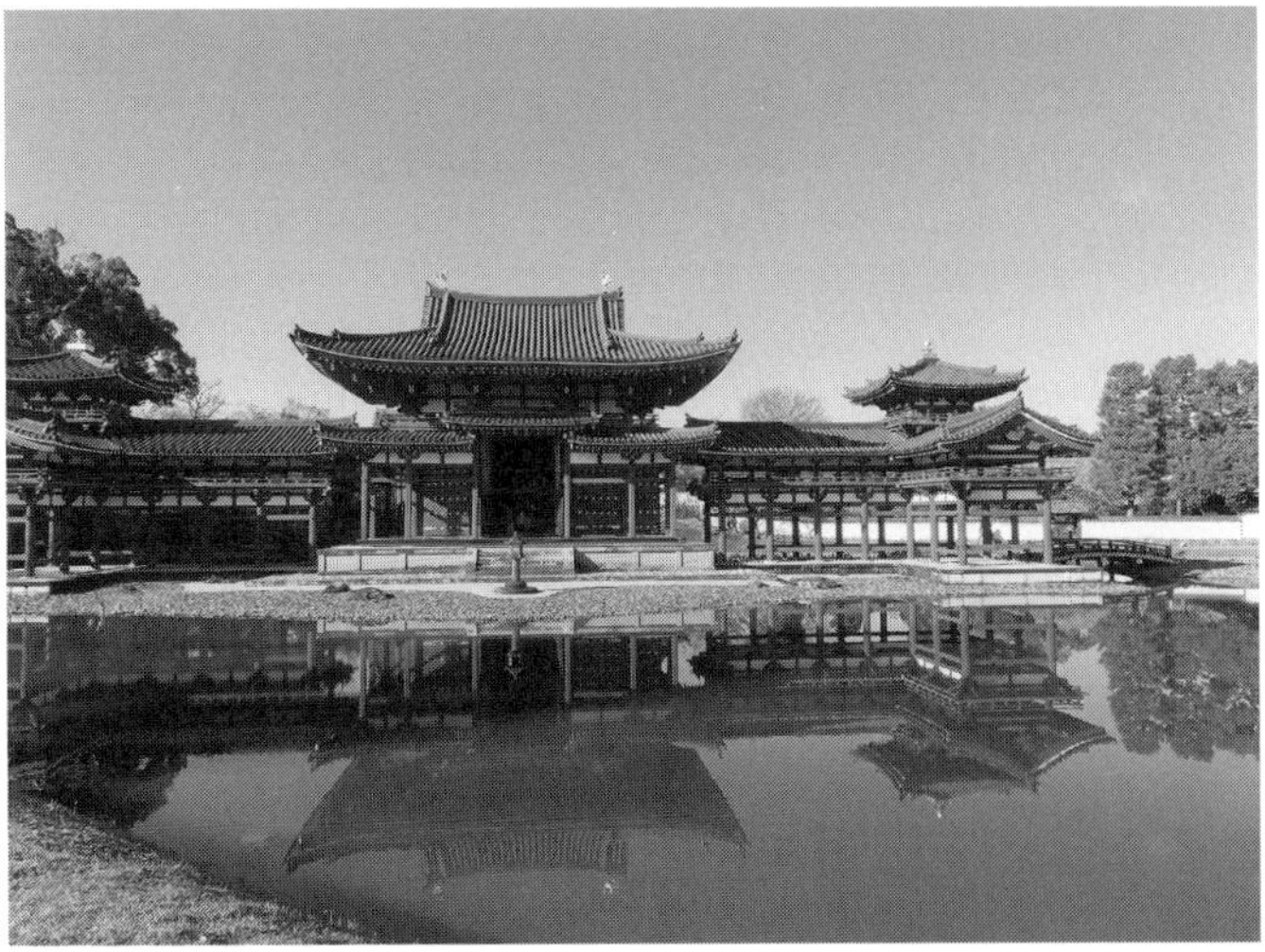

宇治平等院は当初、道長の別荘だった

局、望月の歌をみんなで復唱したと書き残した。

実資の返答は作為的な匂いが残り、シニカルな皮肉が籠《こも》る。心のなかで嗤《あざわら》ったのではないのか。そもそも道長の歌はへたくそである。

道長は当時いくつもの持病を抱えていて仏教へ帰依する欲求は深かった。道長は三十三歳の頃から出家を望んでいた。それは自らの『御堂関白記』と、側近だった藤原行成《ゆきなり》の『権記《ごんき》』を読むとわかる。後者の藤原行成は道長が病と聞くと毎回すぐに見舞いに馳《は》せ参じる忠義者、しかも行成は道長と前年の同じ日の一月三日に冥土《めいど》へ旅立ったほどに仲が良かった。その行成の『権記』にも「我が世」の歌の記述がない！

「わが世とぞ」を詠った直後に道長は摂政を息子の頼通に譲り、出家し仏門に帰依《きえ》する。前後のタイミングから推し量っても絶頂の心境だったとは考えにくい。道長に近かった『紫式部日記』にもこの場面は出てこない。紫式部は道長の愛人だったか、どうかは第二章で緻密に検証する。

道長と紫式部との落差

奈良で一泊した私は翌日、宇治の平等院と木幡《こはた》の道長の墓を比較検証することにした。

ＪＲ宇治駅から歩いて二十分ほどかかる平等院までの道すがら商店街、土産屋、茶店が並び、観光地としては申し分のないほどに充実している。遊歩は愉しく、コロナ禍だというのにやけに外国人が多かった。

宇治平等院は極楽浄土を夢想した設計で優雅で清冽《せいれつ》な仏閣である。当初は道長の別業

（別荘）だった。頼通の代になって本格工事を継続し末法元年とされた永承七年（１０５２）に完成させた。現在の宇治平等院の七倍の敷地があった。輝くような偉容、世界遺産となったほどに荘厳華麗な寺院が、藤原道長の遺産として現代に残った。

一方、藤原一族の墓所も宇治市北側の木幡地区にある。寛弘元年（１００４）二月十九日の『御堂関白記』に、木幡三昧堂《ざんまいどう》建立予定地を安倍晴明らと視察した記録がある。このとき道長は三十九歳、左大臣だった。

原文読み下しを繁田信一編の角川ソフィア文庫から借用すると、

「木幡に三昧堂を立つべき所を定めん為、彼の山の辺に到る。鳥居の北の方より河の出づるに、其の北の方に平らかなる所有り。道の東なり。晴明朝臣・（加茂）光栄朝臣等の定むる也」

道長陵への参道

土地の選定のため風水、卜《うらな》いに優れた安倍晴明ら陰陽師らを帯同していた（京都にある晴明神社はパワースポットとして現在も大変な人気がある）。三昧堂は後節に詳細をみるが瞑想空間である。当時、この一帯がほぼ藤原一族の集団墓地だった。

現在は無数の住宅が建ち並び、木幡丘陵地に散在する一族の墳墓群のなかで、道長の御陵をみつけるのは容易ではなかった。ＪＲ木幡は無人駅で案内板もなく、改札を抜け、住宅地の坂を十五分ほど登り、突き当たりの竹藪《たけやぶ》を左折し、折り重なるような住宅地をあちこち、ようやく石碑が見つかった。

宮内庁が「宇治陵」と比定した場所の入り口に小さな石碑が立っている。「参道」は狭く短く、まことに粗末である。石碑の「三十二番」の表示をみて、初めて道長の墳墓と了解できた。想定外の狭さ、鬱蒼《うっそう》として雑草が生い茂り、手入れもなされておらず、とても権力の極みにあった人物の墓とは思えない卑小な墳墓、雑草に蔽《おお》われてゴミの集積場のごとく寂れた墓地である。

対照的に紫式部の墓は京都の目抜き通りにあって生花と線香の絶えることがない。

この天と地の差異こそが、道長の人生ではなかったのか。

藤原道長　千年の夢――目次

第二章 『源氏物語』の主人公＝光源氏のモデルは藤原道長

第三章　疫病、天災、騒乱が続いた宗教の時代　通貨発行の経済政策は近代的だった

第四章　世界史からみた道長時代　日本は井の中の蛙ではなかった

第五章　日本史における藤原氏の千年　藤原北家はなぜ生き残れたか

装幀——赤谷直宣

第一章

この世をばわが世とぞ思う
藤原実資『小右記』の作為？

藤原レジーム、その権力の源泉

どんな時代だったかを戦前の教科書は次のように教えていた。

神武天皇以来、天皇の統帥権は「世々天皇の統率し給うところであり、神武天皇自ら大伴《おおとも》、物部《もののべ》の兵士を率い」て、敵対勢力を討ち平らげてきたとし、古代では「兵権を臣下にゆだね給うことはなかりき」。

しかし中世になった文武制度を「皆唐国《からくに》風に慣わせ給い、六衛府を置き、左右馬寮を建て、防人《さきもり》などを設けられしかば、兵制は整いたけども、うち続ける泰平になれて朝廷の政務も漸《ようやく》文弱に流れければ、兵農おのずから二に分かれ、古の徴兵はいつとなく壮兵の姿に変わ」った（文部省『（復刻版）高等科修身』（ハート出版）。

これが道長の時代の特徴だった。

蘇我氏や藤原氏以前に、娘を天皇家に嫁がせた豪族のはしりは和邇《わに》氏と葛城《かつらぎ》氏である。

葛城氏の始祖は武内宿禰《たけうちのすくね》（第八代孝元《こうげん》天皇の曽孫）とされる。その孫娘の磐之媛命《いわのひめのみこと》が第十六代仁徳《にんとく》天皇に嫁いだ。履中《りちゅう》天皇、反正《はんぜい》天皇、允恭《いんぎょう》天皇を産み、その允恭天皇の皇子が安康《あんこう》天皇と雄略《ゆうりゃく》天皇、雄略の皇子第二十二代清寧《せいねい》天皇になると子がなく、ここで允恭系から履中天皇の第一皇子・市辺押磐《いちのべのおしわ》皇子とその娘だった飯豊青皇女《いいとよあおのひめみこ》の二人の称制があって、播磨に隠れていた顕宗《けんそう》天皇、仁賢《にんけん》天皇の順次即位となった。

しかし仁賢天皇後継の武烈天皇に皇子なく、天皇が空白となると、五代さかのぼって応神の系列にあたる継体天皇を越前に見つけ出して皇位を繫《つな》いだ。結果的に葛城氏は雄略天皇によって葬られる（この葛城氏を乗っ取ったのが蘇我氏だとする説がある）。

和邇氏のほうは古代豪族のなかでも最古参で第五代孝昭《こうしょう》天皇の皇子、天足彦国押人命《あめたらしひこくにおしひとのみこと》が始祖とされる。

その娘、押媛命《おしひめのみこと》が第六代孝安《こうあん》天皇に嫁ぎ、第七代孝霊《こうれい》天皇を産んだ。第十五代応神《おうじん》妃に和邇氏の娘が二人。第十八代反正天皇に津野媛《つのひめ》を、雄略天皇に童野君を、第二十四代仁賢に糠君娘《あらきみのいらつめ》を妃とし、第二十一代雄略妃にも第二十六代継体天皇妃にも和邇氏は娘をおくり、第二十九代欽明妃、第三十代敏達妃までと、じつに八人の天皇妃を出した。しか

藤原氏系図

＊本書に登場する人物は太字。
＊数字は摂政または関白の就任順。

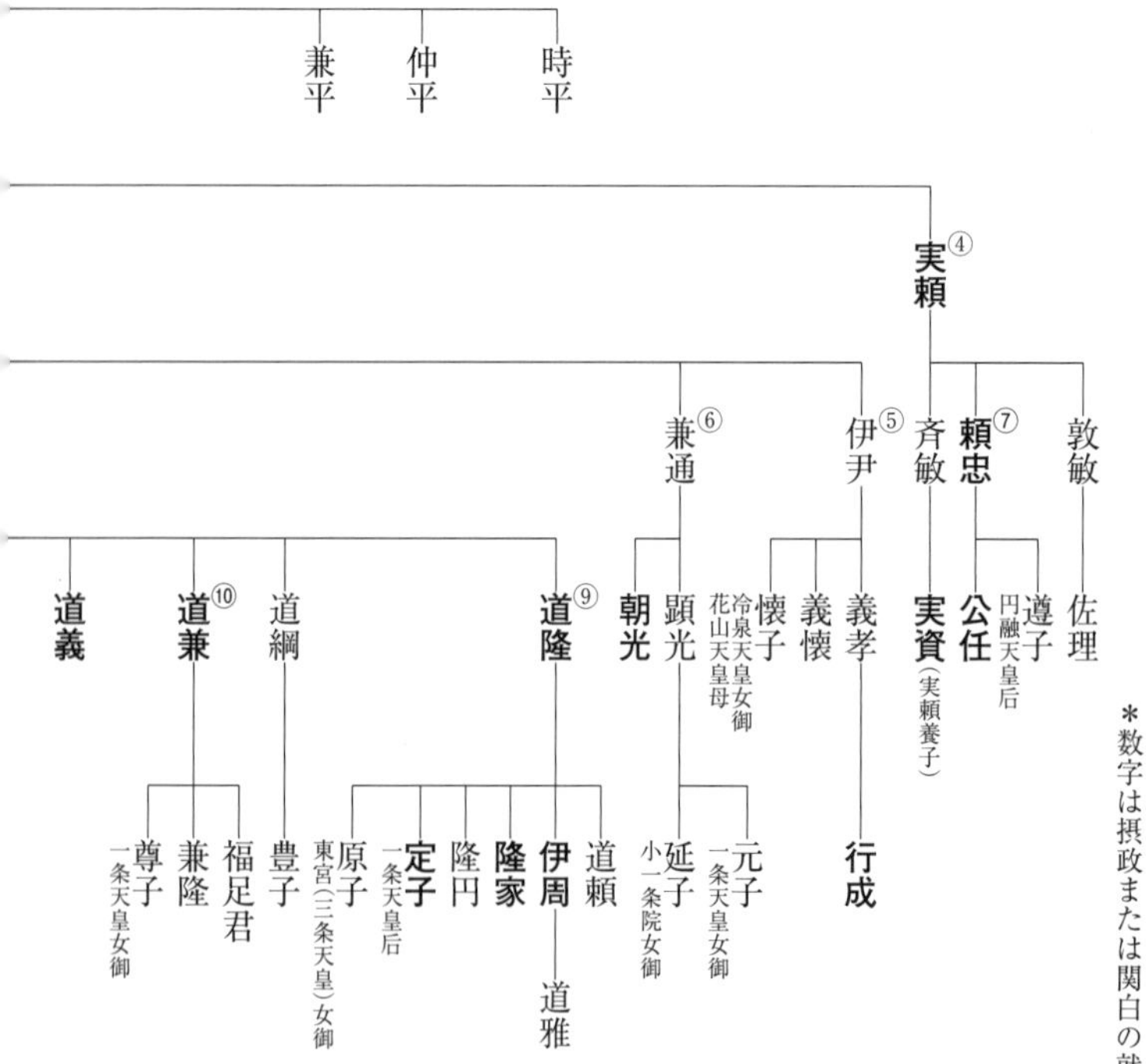

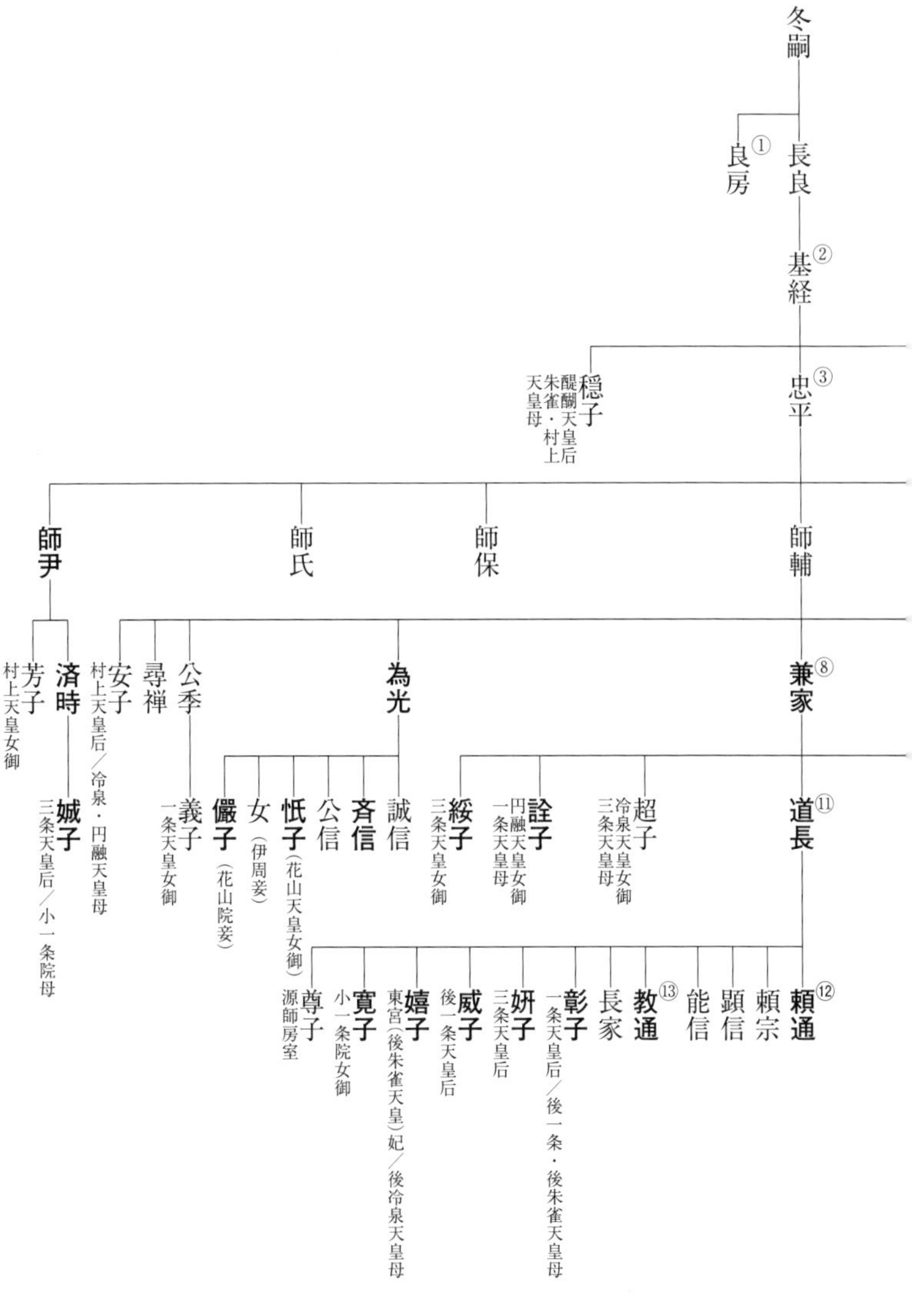
冬嗣
①良房
長良
②基経
穏子 醍醐天皇后 朱雀・村上天皇母
③忠平
師輔
師保
師氏
師尹
⑧兼家
為光
公季
尋禅
安子 村上天皇后／冷泉・円融天皇母
済時
芳子 村上天皇女御
⑪道長
超子 冷泉天皇女御 三条天皇母
詮子 円融天皇女御 一条天皇母
綏子 三条天皇女御
誠信
斉信
公信
忯子（花山天皇女御）
女（伊周妾）
儼子（花山院妾）
義子 一条天皇女御
娍子 三条天皇后／小一条院母
⑫頼通
頼宗
顕信
能信
⑬教通
長家
彰子 一条天皇后／後一条・後朱雀天皇母
妍子 三条天皇后
威子 後一条天皇后
嬉子 東宮（後朱雀天皇）妃／後冷泉天皇母
寛子 小一条院女御
尊子 源師房室

し和邇氏が天皇の外戚として権力中枢を窺うことはなかった。

和邇氏が大臣の位にもついていないのは政治的野心が希薄だったからだろう。また後に帰化人らを束ねて財力でのしあがった蘇我氏のように露骨な権力亡者ではなかった。

和邇氏を祀《まつ》る和爾下《わにした》神社は奈良県天理市の前方後円墳の上に建立された古社。和邇氏の同族に歌人の柿本人麻呂がいる。柿本人麻呂邸跡は柳本駅から崇神天皇陵へ向かう道すがら石碑がある。


藤原道長の時代は歌道を基軸とした文学、仏教美術、とくに芸術の域にある仏像、建築思想などが百花繚乱《ひゃっかりょうらん》、雅《みや》びな平安の文化が咲き乱れた。仏像美を写真入りで紹介するムック本を手にしても当時のアーティストらが制作した美の極致が歴然となる。日本史でこれほど文化的に成熟し、落ち着いていた時代は稀《まれ》である。

あまつさえ多くの文学者が輩出した。千年ののちも感動にふるえる作品群が集中したことは文化的奇跡である。文明的奇観である。それほど社会が落ち着き払っていたのだ。

道長本人の『御堂関白記』も実資の『小右記』も行成の『権記』も貴重な男性日記だが、

同時に女流作家たちが輩出した。紫式部、和泉式部、清少納言、赤染衛門、前後して道綱母の『蜻蛉《かげろう》日記』、菅原孝標女《すがわらのたかすえのむすめ》の『更級《さらしな》日記』が出現し、方々に書写されて読まれ、また歌会が開かれた。それ以前に『竹取物語』『土佐日記』『うつほ物語』『落窪《おちくぼ》物語』などが書かれた。

くわえて仏教の興隆は法華経など経典の普及により民衆にも信仰が拡がり、阿弥陀堂、三昧堂、華麗ながら清楚《せいそ》な日本庭園という日本的な建築思想が広がった。日本庭園の落ち着きはごてごてと派手な中国庭園とは天地の開きがある。

仏像、戒壇、屛風、天井などの彫刻、絵と書などが芸術性を深めた。仏教文化は芸術の域を押し広げ多彩で豊穣《ほうじょう》な文化を構築した。

かくして道長が生きた時代の日本は平和な、穏当な風景が展開され、対外関係による軍事的緊張感は希薄だった。

それゆえに皇位をめぐる陰湿な権力闘争が舞台裏で展開された。皇族、貴族と、その取り巻きと坊主たちが謀《はかりごと》に耽《ふけ》り、闇の中で密かに繰り広げられた政治の暗さは、外的な脅威がなかったゆえに矛盾が国内で噴出したのである。

道長はいかにして権力者となったか

藤原道長が天皇の外戚の立場を利用して権力のトップを極めることができたのは強運の持ち主だったとしか言いようがない。

なぜなら道長自身には歴史を飾ってきた多くの英雄たちのような武闘力とカリスマ性が欠落していたからだ。道長は「国家百年の計」を語らず、ひたすら仏典を愛読し経典を書写した。政治的資力の源泉は天皇との距離にあった。

道長は藤原兼家《かねいえ》の末っ子（季子）ゆえ、若き日には兄たちの陰に隠れ、埋もれていた。道長にも上昇志向はあったのだろうが、野心家で陰謀好きな父や叔父、甥、従兄弟、そして兄たちがなした多くの政争を目撃し、むしろ野心を剝《む》き出しにせず、焦らず、合意を旨とした。

くわえて甥の伊周《これちか》（兄道隆の長男）がことごとく道長の邪魔をした。いじめっ子だった伊周はやがて「長徳の変」（長徳元年＝995）で失脚するが、道長はじっと虐《いじ》めに耐えた。道長の性格は極めて温和であり、過激な路線を巧妙に回避し、関白の位に就くことをたびたび断ったばかりか三十代から何度も出家を志していた。

優秀なブレーンたちが道長のまわりを囲んだことも大きい。

源経頼《つねより》は宇多天皇の四世孫で道長のほか藤原頼通・藤原実資・藤原公任《きんとう》・藤原行成らと親しく、『左経記』を著した。左大弁の官位と自らの名前（経頼）で日記の題名を付けた。従兄弟の藤原頼通とは親密だった。

道長のブレーン（一条朝の四納言）は藤原斉信《ただのぶ》、藤原公任、行成、そして源俊賢《としかた》だった。源俊賢の父、源高明《たかあきら》は大宰《だざいの》権帥《ごんのそち》に左遷され失脚した（安和《あんな》の変）。このため源俊賢の出世が遅れたが能吏であったために抜擢を受け、権大納言となるも晩年に出家した。

藤原斉信は四納言の筆頭格で藤原北家系。太政大臣・藤原為光の次男。官位は正二位・大納言。『枕草子』に数か所、斉信の名前がでている。

藤原公任は藤原北家小野宮流、関白太政大臣・藤原頼忠の長男で極官は正二位・権大納言。小倉百人一首では大納言公任とある。『和漢朗詠集』の撰者としても有名だろう。公任の祖父・実頼、父・頼忠ともに関白・太政大臣。母は醍醐天皇の孫、妻は村上天皇の孫という名門である。従兄弟が右大臣の藤原実資である。

藤原行成は『権記』の作者。ともにブレーンは歌人・文人であって同時に漢詩の素養も深かった。しかし道長のブレーンのなかに軍略に秀でた者はなかった。この点で過去の政治指導者と異なる。

冷静な批評家とされる藤原実資とて正妻、権妻のほかに多くの側室を抱えていた。正妻の婉子《えんし》女王は村上天皇の皇子・為平《ためひら》親王の娘で母は源高明の娘。花山院《かさんのいん》の女御となるが、花山出家後、実資の室となった。一説に大恋愛だったとか。その婉子女王の女房（世話役）だった「今北の方」は実資の妾となった。藤原実資の妻は、ほかに源惟正の娘、源頼定乳母の娘がいる。

源高明の名前がでたついでに言及しておくと、平安初期の源氏は賜姓源氏（藤原姓同様に天皇から賜った）であって権威は高かった。源高明は醍醐天皇の皇子・村上天皇とは兄弟で有識故実、儀式作法に詳しく、藤原師輔《もろすけ》の娘「三の君」が高明の妻で源俊賢を産んだ。そして源高明の娘、明子が道長夫人である。ところが安和の変で源高明は藤原兼家に罠《わな》を仕組まれて失脚した。

つまり道長の岳父が道長の父の謀《はかりごと》で失脚したということである。道長の父、兼家は突出した陰謀家でもあった。

道長の安定期には、政治的に大胆な改革をおこなったり、思想的に変貌《へんぼう》を遂げるという歴史の回転は起こりえず、制度改革は微調整ですませた。荘園からの収入も安定していた。そう、道長には国家百年の計も、未来への青写真もなかった。官位制度は聖徳太子が策定して藤原不比等《ふひと》らが実行し、公地公民は大化の改新以後に制度化された。

戦略には「大戦略」と、そうでないものとがある。当時の日本をとりまく国際環境はシナ大陸と朝鮮半島、それに沿海州から吹いてくる軍事的脅威である。しかし唐が衰亡して軍事力の弱い宋となっており、朝鮮半島では高麗《こうらい》も渤海《ぼっかい》も国力を弱めていた。脅威はおおきく後退していたので日本に軍事負担の重圧がなかった。

現在の世界を見渡せば世界の覇権を米中が競っているため日本としては海外情勢の分析は重要だろう。しかし大東亜戦争で不覚をとり、普通の国ではなくなった日本は世界史のプレイヤーから降りた。米国追随という基本姿勢を堅持しながらも可能な限り主体的に日本の独立と主権を希求する戦略が必要とされる。道長の時代には、そうした大国の圧力からの自主独立という営為は文化芸術の方面で確立された。渡来した仏教は当初、邪教として排斥されたが、やがて日本独特の宗教となって神仏混淆《こんこう》というユニークなかたちに変貌していた。

道長の長期政権は人事権と富の分配にあるが、もうひとつ注目しておくべきは早くから「内覧」のポストに就いていたこと、そして内覧の地位を決して手放さなかったことである。

内覧とは天皇への上奏、宣下などに先立って関係文書をみることだ。この特権は太政大臣に等しく事実上の最高意思決定の位置にあり、官僚機構を実質的に掌握できたことを意味する。戦前でいえば内務大臣。今日で言えば官房長官兼副総理か。

藤原の祖は中臣鎌足だが……

ここで道長政権までのおよそ350年の歴史をざっと振り返っておきたい。

藤原の祖とされる中臣鎌足《なかとみのかまたり》は中大兄皇子《なかのおおえのおうじ》(天智天皇《てんじ》)とともに起《た》って、専横を極めた蘇我《そが》一族を討った。鎌足は当時「鎌子《かまこ》」を名乗ったが神祇《じんぎ》(神職)の地位にあって神社界を代表し、仏教とは対立的な立場にいた。政界で重きを置かれた立場にいたのだ。

中臣氏はもともと占部《うらべ》氏と称したようで忌部《いんべ》氏とともに朝廷の祭祀を司る家柄、鎌足の母は大伴氏である。中臣鎌足は聖徳太子の定めた冠位十二階の第二位、小徳冠だった。政府高官である。

「乙巳《いっし》の変」（大化改新）が西暦645年。これにより中臣鎌足は政権中枢に食い入り、天智天皇の御落胤《ごらくいん》、不比等《ふひと》（当時の名前は史《ふみ》）を「鎌足の次男」ということにした。

三十歳まで雌伏《しふく》した〝鎌足の次男〟＝不比等は、静かにしかし巧妙にのしあがって持統天皇に接近し、信頼を獲ち得るや専権をなし、やがて不比等の子、四兄弟の長男、武智麻呂《むちまろ》の子である仲麻呂へ繋《つな》がり、藤原南家がまっさきに栄華を極める。だが仲麻呂の暴走がたたり突如、藤原南家は没落した。

そのあと藤原北家が栄え、道長の父の代で権力を固め、兼家、道長、頼通三代の専権が一世紀続いた。

すなわち藤原一族の始祖は中臣鎌足であるとするのが『藤氏家伝』の公式見解で、また多くの史家もそう分析してきた。私は、この解釈に異論を持つ。

藤原良房、基経、そして忠平から実頼、師輔ときて天皇の外戚として摂関政治は絶頂に達した。藤原師輔の九条家は長女が村上天皇の中宮、その皇子は冷泉、円融天皇と続いた。中宮とはもともと第二皇后という位置だったはずだが、いつしか中宮と皇后は同じこととなり、道長の頃は皇后を中宮と言った。

藤原実頼の小野宮系は娘二人を朱雀、村上天皇に入内させた。あいにく小野宮系に皇子は生まれず、パワーが衰える。『小右記』を残した藤原実資はこの小野宮系である。小右とは小野宮・右大臣を意味する。右大臣は関白太政大臣、左大臣につぐ序列三位である。九条家は藤原兼家に息子たち（道隆、道兼、道長）がいて、とくに末っ子の道長には跡継ぎの頼通ほか多くの子宝に恵まれ、高位の地位を踏襲し、道長は三人の娘たちを天皇の中宮に送り込んで外戚として不動の地位を固めた。

道長の父、兼家は権力欲つよき陰謀家だった。「安和《あんな》の変」の首謀者であり、花山天皇をまんまと欺して出家させたのも兼家である。

「安和の変」は、兼家が安和二年（９６９）、左大臣だった源高明を失脚させた政変を指し、摂政・関白が常設され藤原の政権が確定したターニングポイントとなった。

道長が四歳のときだから変に道長はまったく関与していない。村上天皇が崩御し、東宮（皇太子）・憲平親王（冷泉天皇）が即位。関白太政大臣に藤原実頼、左大臣に源高明、右大臣には藤原師尹《もろただ》が就いていた。

冷泉天皇に皇子なく、病弱だったため早急に東宮を定めることになった。候補は村上天皇と皇后安子の間の皇子で、冷泉天皇の同母弟にあたる為平親王と守平親王だった。年長の為平親王が東宮となるのが順当だが、そうなると左大臣・源高明が外戚となり、藤原兼家にとっては邪魔となったのである。

冷泉天皇は精神の安定を欠くところがあり、皇太子への譲位は時間の問題だった。

ひきつづいて「長徳の変」が起きたが、このとき道長は三十一歳で左大臣だった。しかし花山院襲撃は道長に敵対的だった藤原伊周と隆家の独断行為であり、道長はじつに寛大な処分で済ませた。前天皇襲撃など本来なら死刑だろう。それを地方への左遷で済ませた。

父の兼家は永延《えいえん》二年（９８８）に雄壮な二条京極邸を造成した。池に楽隊を乗せた船を浮かべ還暦を祝った。二艘の船首には龍首と鷁首《げきしゅ》、まるで唐王朝の皇帝気取りである。シナの影響はこんな所にも現れ、道長も同じ船首に龍と鷁を飾って楽隊を入れた宴を何回か催している。

中国の神話時代の「夏王朝《か》」は紀元前21世紀から前16世紀に存在したという最古の王朝で、殷《いん》の湯《とう》王に滅ぼされたと中国の史家が唱えている。夏の実在は怪しいが、同年代の遺跡に二里頭遺跡があって殷の建国（二里岡文化）に先行していることだけは確定している。この遺跡の宮殿区が回廊に囲まれており、中庭が広く正殿を配置する構造だった。注目は当該遺跡から翡翠《ひすい》の龍が出土したこと。龍は皇帝のシンボルである。

龍と鷁と鳳凰と鯱

龍は雷雨を呼ぶ風雲と権力のシンボル、つまりシナ皇帝の象徴である。鷁《げき》は水難を避ける水の王鶏とされ、いずれも想像上の動物である。

中国やアジア各地のチャイナタウンの寺院を飾るオブジェは龍の彫刻が圧倒的である。日本は鳳凰《ほうおう》か鯱《しゃち》である。ごく例外的に神社の手洗いなどで竜尾の彫刻を見かけるが……。

鯱は姿が魚だが頭は虎、もしくは龍。尾ひれは空に向かい背は幾重もの鋭いとげを持つ想像の動物。日本独特で大棟の両端に取り付けて守り神とした。嚆矢《こうし》は織田信長の安土城天主という。

鳳凰も龍と同じく古代中国から伝わる想像上の鳥《イマジナリー・バード》である。体の前は鱗《りん》、後ろは鹿、頸《くび》は蛇、尾は魚、背中は亀、顎《あご》は燕《つばめ》、くちばしは鶏に似ている。徳の高い君子が天子になると出現する瑞鳥《ずいちょう》とされ、尊ばれた。

『春秋左氏伝』『論語』では「聖天子の出現を待ってこの世に現れる」。また『礼記《らいき》』では麒麟《きりん》・霊亀《れいき》・応龍《おうりゅう》とともに「四霊」と総称される。金閣寺と宇治平等院の屋根に聳《そび》えるオブジェも鳳凰、一万円札裏のデザインも鳳凰。立川競輪には鳳凰賞がある。

屋根に鳳凰を置く典型は金閣寺だ。その敷地はもともとが西園寺家累代の土地である。中世に足利氏が譲り受けた。西園寺家はいうまでもなく藤原北家の系列、道長の流れにあって明治の元勲西園寺公望《きんもち》公へと流れる。この系図を俯瞰すれば、道長が京都西北に別業（別荘）を営んでいたのは、おそらく現在の金閣寺か、もしくはその周辺である。

閑話休題。兼家も道長も龍首・鷁首を船首に飾ってシナ風に埋没した。悪趣味とされるが、さて法華経の信者でもあった道長は別の意味を持たせたのではないか。

池に船を浮かべ楽隊を入れた絵図は『源氏物語絵巻』にあって人口に膾炙《かいしゃ》した。後年の日本画家たちも同じ風景を描いた。

法華経には釈迦が修行中の霊城に一万二千の僧をあつめ、文殊観音など菩薩《ぼさつ》が八万体、そこへ帝釈天が眷属《けんぞく》二万を率いて参上し、地上の支配神シヴァは眷属三万を、梵天《ぼんてん》は眷属一万二千、そして水の支配者である龍（ナーガ）が龍神を引き連れ、精霊キンナラ、カンダルヴァ、魔界からは阿修羅が、天翔《あまが》ける神鶏ガルーダ（迦楼羅《かるら》）も王が数千の部下と共にやってきたとある。

このとき、釈迦は無量魏経典を説いた。すると、「曼陀羅華《まんだらけ》、曼珠沙華《まんじゅしゃけ》などの天界の花々が降りそそぎ、ゆるぐはずのない大地が身震いするかのように、左右上下など六種にゆれました。天、龍、夜叉《やしゃ》、乾闥婆《けんだつば》、阿修羅《あしゅら》、迦楼羅、緊那羅《きんなら》、魔睺羅伽《まごらが》などの神々と精霊たち（天龍八部衆）も、人も人以外の生きものも、地上を治める諸王と家臣らも仏の威力の偉大なることを知って心に喜びを生じ、世尊を仰ぎ見ました」（大角修『法華経』、角川文庫）。

この迦楼羅《ガルーダ》（インドネシアに神の鳥＝ガルーダ信仰がある）が鷁ではないかと想定され、

道長はシナの飾り物を法華経の神秘と混ぜ合わせたのかもしれない。

埼玉県東松山市にある巌殿山正法寺《いわどのさんしょうぼうじ》（通称岩殿観音）は奈良時代からの名刹《めいさつ》で養老二年（718）に逸海上人が草庵を結んだことから始まる。

この寺には「田村麻呂の悪龍退治」の伝説が残る。蝦夷《えみし》征伐へ向かう途中の坂上田村麻呂が、岩殿山に悪龍が住み着き村人が困惑しているとの訴えを聞いて岩殿観音の霊力を授かって退治に出かけ、うち果たし、その首をなかずの池に埋めた。これを聞いた桓武《かんむ》天皇は延暦十五年（796）に勅命し伽藍《がらん》を建立した。室町から戦国時代は大がかりな門前街が形成され、観音信仰は大いに栄えた。永禄《えいろく》の戦乱で伽藍は焼失し、再建が本格化したのは徳川家康だったと伝えられている。

ＪＲ高坂駅からバスで大東文化大学の広大なキャンパスを越えた山の中にあるが、寺領の本堂にせまる岩崖に観音が無数に彫られていて、大河ドラマ「鎌倉殿の13人」でも舞台のひとつとなった。源頼朝が、この寺を篤く保護したからである。

坂上田村麻呂の「悪龍退治」の伝説で大事なことは「悪龍」という言葉の使い方だ。日本人の認識では龍は魔物である。素戔嗚尊《スサノオノミコト》が八岐大蛇《やまたのおろち》を退治したことは『古事記』『日本書紀』にある。この大蛇は龍のことである。

その龍を船首の飾りに用い邸宅の池に浮かべて楽箏《がくそう》させたのが、藤原道長の絶頂期の宴であった。

藤原レジームは乙巳の変から平治の乱まで514年栄えた

藤原北家の繁栄と栄華は二百年にわたる。

しかし摂関政治はやがて形骸化し、仏教の僧侶たちの腐敗が起こった。摂関政治から院政へ移行し、荘園を守る武士が台頭して争われた保元《ほうげん》・平治《へいじ》の乱（1156〜1159）で平家が台頭し、藤原一族は権力の頂点から降りた。

長期のスパンで言えば、藤原レジームは乙巳の変から平治の乱まで514年の命脈がつきた。とはいえ一条、二条、九条、近衛、鷹司の五摂家は明治から昭和まで爵位が残った。大東亜戦争を敗戦に導いた近衛文麿が藤原北家系であることはさきほども述べた。

日本人の姓を眺めても藤家を代表する「藤」の名字もあれば、藤井、藤江、藤枝、藤岡、藤尾、藤川、藤木、藤子、藤島、藤瀬、藤田、藤長、藤野、藤間、藤屋などのファミリーネームがすぐに浮かぶし、「藤」が下にくるのは安藤、伊藤、衛藤、江藤、加藤、工藤、古藤、近藤、権藤、佐藤、斉藤、須藤、首藤、山藤、高藤、武藤など枚挙に暇《いとま》がない。

藤原北家の時代には、安寧と秩序が実現され甚大な被害をもたらす対外戦争がなかった。この間、律令制の基本的体制と秩序に激甚な変化はなく土地の所有と税率をめぐる律令の若干の手直しがあっただけで根本的な制度改革はなかった。思想的な激変もなかった。例外は興福寺、東大寺、延暦寺の寺領などをめぐる諍《あらそ》いくらいである。

だとすれば、藤原レジームなる長期政権の秘密は、いったい何にあったのか？

天皇家に娘たちを入内《じゅだい》させ、天皇の外戚としての政治力を梃子《てこ》に、権力基盤をイデオロギーや武力で固めるのではなく、ひたすら血脈による中枢部の寡占。つまり天皇に近いというポストの確保が権力の「状況」を把握し、人事権と富の分配に拠《よ》ったという特色に彩られた政治だったということにならないか。

換言すれば天皇はそれほどの権威の様式を確立していたのである。神武以来のすめらみことの位置、その権威は不動のものとなっていたのである。

藤原北家の権力基盤は安和の変で確定的となった。

この安和の変（安和二年＝969）は既述のように左大臣源高明を失脚させた政変で、これにより摂政・関白が常設され藤原の政権が確定したターニングポイントとなった。道長政権の確立は偶発的ともいえるようにその政治的な契機は、人事をめぐって突発した所謂「長徳の変」からである。

この「花山院闘乱事件」とも言われる出来事は、直前に「七日関白」といわれた藤原道隆が長徳元年（995）四月十日に急死し、道長の姉、詮子《せんし》（一条天皇の母后）の強い推挽《すいばん》によって藤原道長が内覧の宣旨を得たことに端を発する。これを不服とする藤原伊周と弟の隆家が、あろうことか、花山院の行列を弓で襲撃し、童子二人を射殺するという政変まがいが突発、結果的に藤原道隆系の中関白家が政権中枢から排斥された。

花山院襲撃は伊周と隆家の独断行為であったが、原因は花山院のおんな通いにあった。故太政大臣藤原為光の娘「三の君」と同じ屋敷にいた「四の君」（藤原儼子《げんし》）のもとへ花山法皇が通っていた。ところが藤原伊周は三の君と花山院が通じたと誤解し、隆家とともに法皇一行を襲った（藤原儼子は花山院の死後、藤原道長の妾となって懐妊。出産時に死亡）。

花山院の女好きが表面の理由だが伏線として道隆死後の遺児たちと、抜擢された道長との権力をめぐる暗闘である。伊周と道長の関係はささくれ立ち、下僕らの乱闘が頻発、殺傷事件にもなった。実資の『小右記』には「濫水《らんすい》の事多し、皇憲無きに似たり」と嘆息している。

本来なら天皇は、中宮が定子ゆえにその皇子に継承されるのが順当な人事だった。権力中枢もそれなりに定子になびく人脈となるところだった。

ところが母后の詮子（道長の姉）が藤原伊周の乱暴な振る舞いと無教養、その「おさなさ」を嫌い、とても政権を任せられる逸材とは判断できなかったために道長に白羽の矢を立てたのだ。

この藤原定子も運命の人である。その定子につかえたのが清少納言だった。定子が詠んだ次の三首をみれば、その詩才の凄《すご》みが伝わってくる。

「よもすがら　契りしことを　忘れずは　恋ひん涙の　色ぞゆかしき」

（夜通し契りあった仲であることを　あなたは忘れていなければ　亡くなる私を想っ

て泣く涙の色は　何色なのでしょうか)

「知る人も　なき別れ路に　今はとて　心細くも　急ぎ立つかな」

「煙とも　雲ともならぬ　身なりとも　草葉の露を　それとながめよ」

怨霊、呪術、祈禱

この「花山院闘乱事件」で問題なのは事後処理の寛大さである。中関白家の藤原伊周(正三位・内大臣)は大宰権帥へ左遷。藤原隆家(従三位・権中納言)は出雲権守へ左遷。伊周の叔父・高階信順(右中弁)は伊豆権守へ左遷、伊周の叔父・高階道順(右兵衛佐)は淡路権守へ左遷となったけれども誰も死刑になってはいない。そればかりか数年を経ずして京に戻っている。帰京をうながしたのは道長だった。このときから日本では久しく死罪は姿を消した。

見落とせないのは当時の社会通念である。

怨霊《おんりょう》、物怪《もののけ》、呪術《じゅじゅつ》、呪詛《じゅそ》、邪気というまがまがしい語彙《ごい》がこの時代の史書、日記に頻出する特徴がある。当時の人は本気で怨霊、物怪を信じていた。

物忌《ものいみ》日には自宅から出ないという風習があり道長は毎月四日ほどが物忌にあたり登庁を控えた。陰陽師《おんみょうじ》たちが占った。病に罹るのは邪気が取り付いたからであり、祈禱《きとう》、読経《どきょう》を繰り返せば治ると信じられていた。また祭事、儀式、葬送などの日取り、時刻、場所なども必ず陰陽師を呼んで占わせている。

たとえば道長が病に倒れると、怨霊の言葉を聞いたことがあったという。「前師（藤原伊周）を元の官位に戻せば病気が治る」と告げられ、天皇に上奏している。長保《ちょうほう》二年（1000）五月のことだ。道長が伊周、隆家らを許したのは、怨霊信仰が基底にある。

この原文は次のようである。


「是邪気詞也、以前師可被復本官・本位、然者病悩可愈者」云々。

『権記』の寛弘二年（1005）十二月十四日の条には伊勢神宮参拝勅使となった藤原行成が「多気川で禊《みそ》ぎを行った。急に陰雲が生じたので伊勢神宮に祈りを捧《ささ》げると雨が止ん

略系図

（丸数字は皇位継承順）

*ゴシックが道長の娘たち

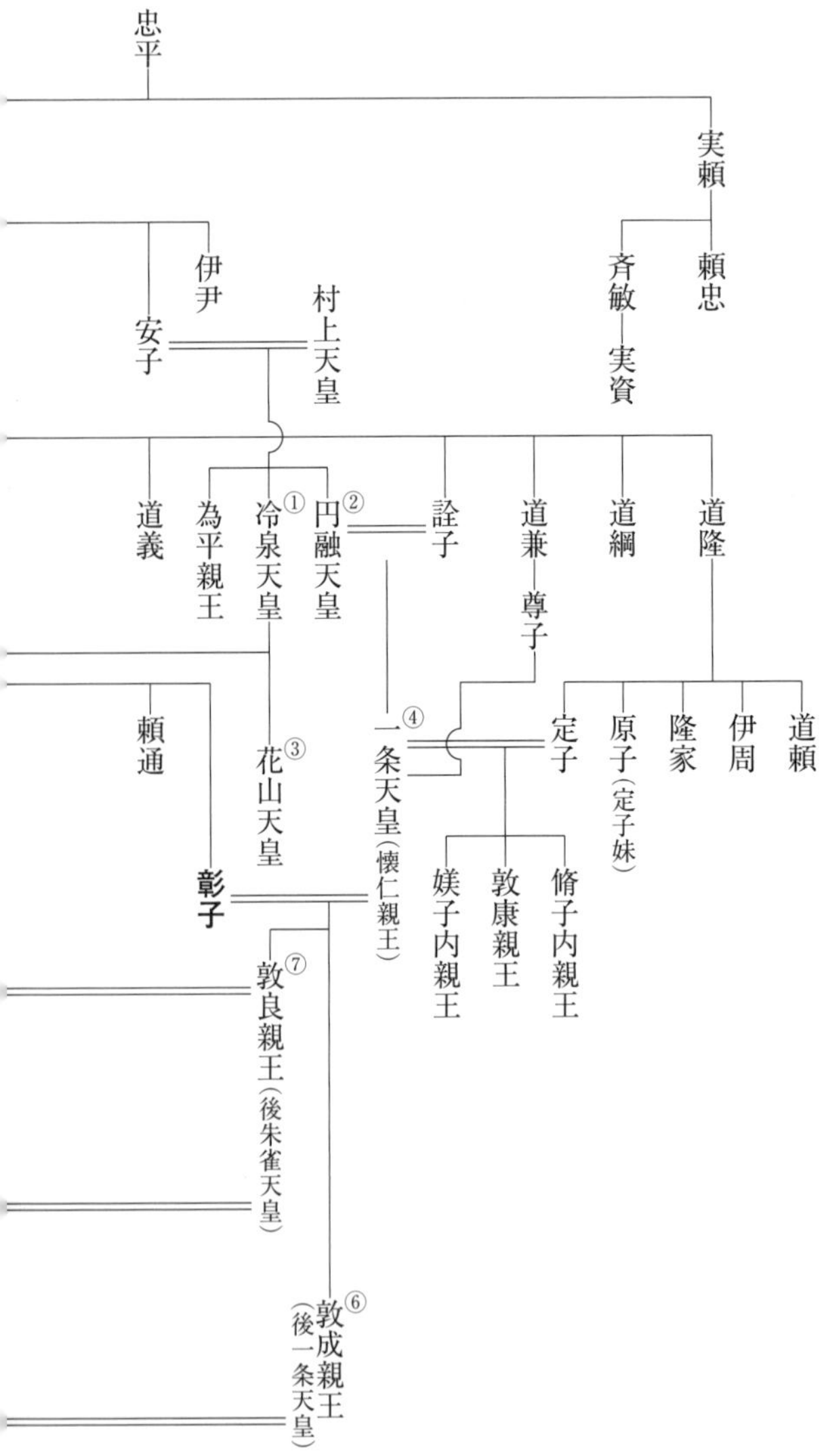

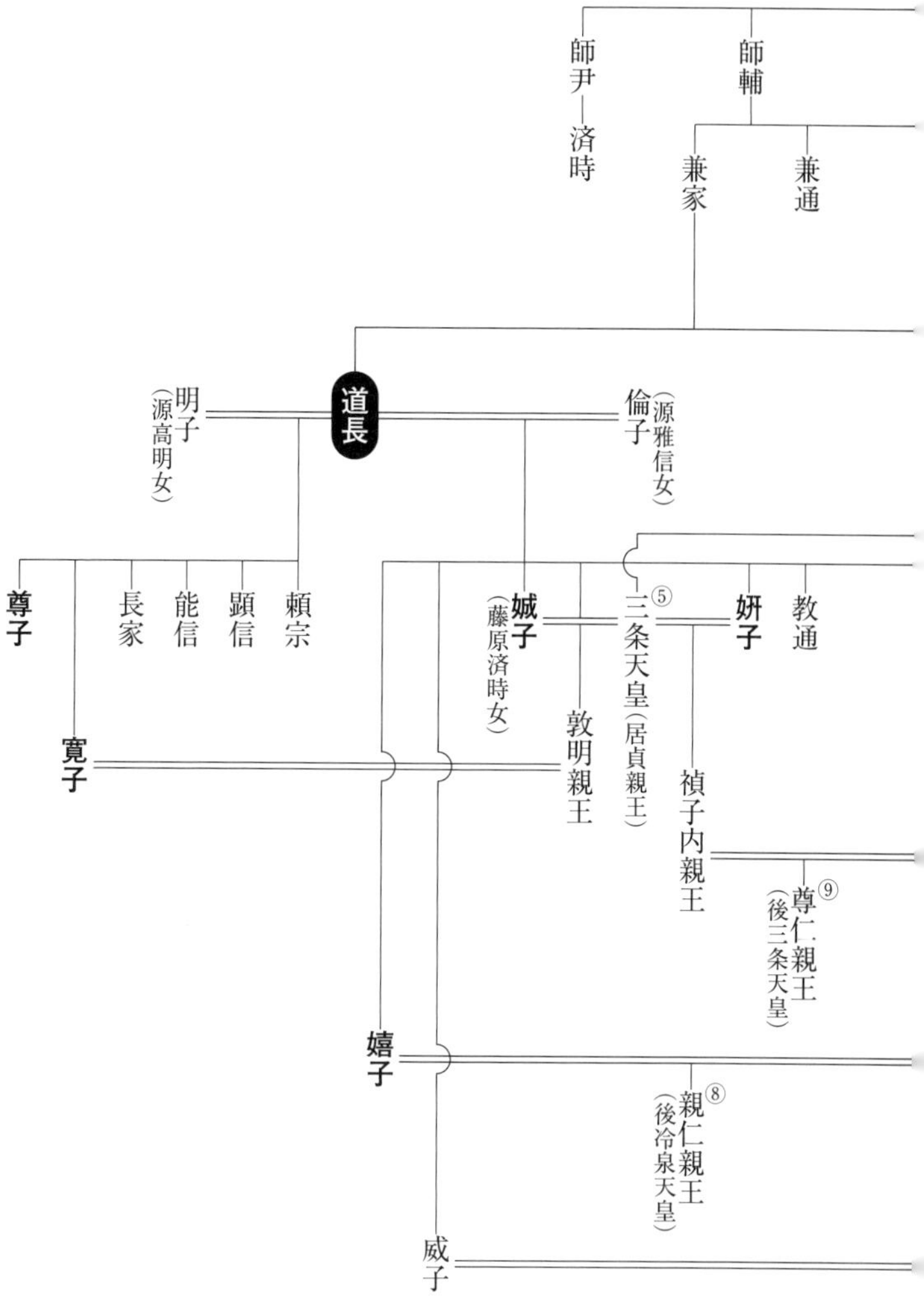
師尹
済時
師輔
兼家
兼通
道長
明子（源高明女）
倫子（源雅信女）
尊子
寛子
長家
能信
顕信
頼宗
娍子（藤原済時女）
敦明親王
⑤三条天皇（居貞親王）
妍子
教通
禎子内親王
⑨尊仁親王（後三条天皇）
嬉子
⑧親仁親王（後冷泉天皇）
威子

だ。神の恩があったのも天皇の命を受け給って運命を神に任せていたからだ。夕方にも神宮方向に光があった。神の霊異である」云々とある。

寛弘五年（1008）九月十一日に中宮彰子《しょうし》が親王を産んだ。

仏教の不思議な力であると藤原行成は書いた。

「中宮誕男皇子、仏法之霊験也」（『権記』）

その後、道長の姉の詮子《せんし》は近江の石山寺に参籠するなどし、土御門第を道長に提供した。道長の栄達の道を先導した最大の恩人は姉の詮子である。石山寺は紫式部が滞在して『源氏物語』の一部を執筆したとして観光名所になった。

一方で中関白家の没落は続いた。直前まで最大最強の影響力をもった定子《ていし》が出家し、このとき懐妊していたが、生まれたのは内親王であった。伊周、道隆ら中関白家の影響力は劇的に削がれた。定子はまつりごとへ嘴《くちばし》を挟む立場を失った。清少納言は、この定子に仕えていたため政権中枢から遠い場所に追いやられた（清少納言は「せい・しょうなごん」と読む）。

ますます道長の運が上向いた。

長男頼通、次男教通が誕生、また右大臣から左大臣となって内覧を兼ねた。

系図（48～49ページの表）を図解すると分かりやすい。藤原兼家の息子たちのなかで道隆の娘が定子で一条天皇に入内し、道兼の娘、尊子《そんし》も一条天皇の后に、のちに道長の娘彰子《しょうし》も入内した。定子は二人の内親王と敦康親王を産んだ。

入内した道長の娘、彰子は敦成親王（後一条天皇）と敦良親王（後朱雀天皇）を産み、この婚姻関係はまつりごとの基軸転換となった。彰子は十二歳で儀式をととのえて入内し、その祝賀には花山法皇も御製を詠進した。道長は実資にも和歌を求めたが、思うところ多大で後の「わが世とぞ思う」と道長が詠ったとされる祝宴でも実資は道長から和歌を求められたが応じなかった。実資はよほどのひねくれか、あるいは知識人として些末《さまつ》なことには超然としていたかったのだろう。

実資の『小右記』に道長の露骨なばかりの遣り方、三条天皇との対決に心穏やかではなく批判が目立つようになる。道隆と伊周の全盛時代に痛烈に彼ら政権主流を批判していた実資も、その批判の筆先を新たに主流となった道長へ向けはじめた。

大伽藍を誇った法成寺もいまは礎石を残すのみ

たとえば長和《ちょうわ》元年一月六日。「道長が馬を駆け祭り以前に賀茂神社の前を通り山に登ることは怪しむべきである」。同月十六日。「左大臣（道長）には礼がないこと甚だしい。天皇のご意向は宜しくなった」。五月一日。「（立后問題を進める）道長のおこなったことは極めて奇怪である」。同年六月十一日。「道長が法性寺に参られ、堂に這入る頃、蛇が堂上に落ちたのは怪奇である」。同年九月十一日。「道長は故実を知らない」等々、列記すると際限が無い。

法成寺が落成したときも実資『小右

記』の道長への批判は辛辣《しんらつ》である。まず礎石を羅城門、神泉苑や諸国の石をひかせ、豊楽殿の鴟尾まで配置換えをした。この道長が全力を傾けた寺院は土御門邸に隣接した。金堂、薬師堂、講堂、十斎堂、五重塔に僧院、さらに膨大な仏像が仏師らによって制作され、仏教界を統合するような大伽藍となった。

『小右記』は言い放った。

「万代の皇居は一人の自由か。悲しいことよ、悲しいことよ」

三条天皇もまた藤原道長に批判的で不愉快と表明していた。

三条天皇の御陵は金閣寺に近い北山御陵にあるが、行ってみて驚いたのはあまりにも簡素、規模の小ささである。しかも周囲はすべて新興住宅地で天皇陵とは思えない地理的環境のなかに埋没している。

藤原行成の『権記』も歴史の舞台裏を活写

彰子の立后に尽力したのは藤原行成で『権記』に、この経緯を書き残している。『権記』は「権力者の記録」の略記かと誤解する向きがあるが、権とは「副」を意味する。権中納言の「権」、今日風に言えば官房副長官か。ちなみに「権妻」とは妾のことである。藤原行成は藤原北家系で右少将・藤原義孝の長男、権大納言。能書家として「三蹟」に数えられ、書道世尊寺流の祖である。

歴史学者が重視するのは彼の残した『権記』で、道長時代のほぼすべてをカバーする貴重な日記である。

行成は親兄弟が早世したため天皇との距離が微妙になっていた。そのため権力者だった藤原道長への追従が生きる知恵となる。

したがって本心はともあれ、日記に書かれている心情は小心翼々としており、実資の『小右記』に溢《あふ》れる痛烈な批判精神はほとんどない。その一方で行成には清少納言との色恋が伝わるほどに艶聞《えんぶん》には恵まれた。

三条天皇の北山御陵。周囲は新興住宅地でその簡素さに驚く

勅使が道長のところへ派遣され、立皇后の日時決定を要請した折、道長は陰陽師の安倍晴明を呼んで占わせている（『御堂関白記』）。

皇后が定子、中宮が彰子となるのだが、「中宮正妃ありといへども（定子は）已《すで》に出家入道せらる、したがひて神事を務めず、重ねて妃を建てて后とし、氏の祭りを掌《つかさど》らしむるは宜《よろ》しかるべきか」という論理を組み立てたのは藤原行成である。

定子は出家したわけで仏門に入ったということは天皇家伝統儀式は神道で行われるゆえに参加できないと、古式伝統に則った正論であって行成が道長に阿諛《あゆ》追

京都で最も古い上賀茂神社

従したわけではない。

道長は天皇家の各種行事や些末《さまつ》な訴え事を処理した。

なかでも寺社が荘園経営で勢力を拡大し各地の国司（受領）と係争ごとが絶えなかった。その合間をぬって道長は清水寺、比叡山、賀茂神社、仁和寺、大原野神社、石清水八幡《いわしみずはちまん》などに夥しい供物、贈答の品々と経典を寄付する参詣を繰り返し、春日神社には代理を派遣し、また花山法皇との宴で和歌を交換したり、端から見ればたいそう優雅な日々を送っている。

仏教への熱中ともいえる精進ぶりは

特筆に値する。

　経典を書写し、一揃いつくるごとに名刹へ寄贈する行為に道長は無上の喜びを見いだした。財政からみても当時の和紙は高価で希少価値があり、まして筆や硯《すずり》も稀覯《きこう》品が使われた。道長はそれらを紫式部にも贈っている。

　法華経に道長がとりわけ執着したのは大乗小乗の差異を超越し、仏教の原点に還ろうとしたあたりだろう。

　紀元前一世紀に成立した法華経は中国からサンスクリット語の漢語訳が伝わり、聖徳太子が解釈版を著し、平安時代には浄土教、天台、真言など密教をとおして民衆の信仰となっていた。

　道長は阿弥陀堂と三昧堂の建設にとりわけ執着した。阿弥陀堂は「極楽」であり、三昧堂は瞑想施設とも言える。哲学者鈴木大拙の記念館が金沢にあって私も二回ほど訪ねているが、静かな庭を前に瞑目ができる大きな部屋がしつらえてある。三昧堂の現代版ミニチュアである。近代では岡倉天心の六角堂（茨城県五浦海岸と新潟県の赤倉温泉にある）がそうだろう。

　贅沢三昧などの熟語が示すように「三昧」とは、物事に熱中する意味を持ち、サンスクリット語では「一つの対象に精神を集中させ乱れない状態、つまり瞑想を言う。（中略）三昧は読経や種々の祈禱をともなう形で発達し、一定の期間を定めて修する『法華三昧』（常行三昧）の行法などが生まれた」（大角修『法華経』、角川文庫）

末法の世界におびえて人々は仏教に帰依し成仏を願った

現代史家がまるで非合理的、非科学的として記述しない問題がある。それは末法思想である。

「欣求浄土《ごんぐじょうど》厭離穢土《おんりえど》」と書いた筵旗一揆《むしろばたいっき》は後世のことだが、藤原道長の時代は飢餓、疫病、自然災害（洪水、干ばつ、地震）などで仏教への信仰が急激に高まり「過激化」した。

なぜ夢中になって写経し、立派な仏像を作り壮大な阿弥陀堂を建立したのか。それは1052年にこの世の終わりがくると広く信じられていたからに他ならない。

末法思想は釈迦が説いた正しい教えが行われ修行して悟る人がいる時代（正法）が過ぎると、次に教えが行われても外見だけ似せるが悟る人は不在となる時代（像法）が来る。その次は人も世も最悪となる末法が来るという概念で、とくに最後の五世紀には仏教徒の間で論争が起こり、正しい教えが隠没してしまうとする。ノストラダムスの大予言、現代のハルマゲドン説に似ていなくもない。

末法思想は中国では隋・唐代に盛んだった。それが日本に伝わり、釈迦入滅から千五百年後の1052年（永承七年）を末法元年とした。このため経塚《きょうづか》の造営があちこちで行われた。

最澄や空海の時代にすでに末法であるとの自覚が見られる。道長全盛期に源信は『往生要集』を著して、「極楽」と「地獄」の概念を明示した。これが浄土教の基礎を築いた日本仏教史で重要な教書となった。

平安時代末期は貴族の摂関政治が衰え院政へと向かう時期であり、また仏教界も僧兵・強訴《ごうそ》の台頭によって退廃していった。治安の乱れも激しく、武士が台頭し、民衆の不安は増大しつつあった。

このように仏の末法の予言が現実の社会情勢と一致したため、人々の現実社会への不安は一層深まり、振り払えない精神の不安から逃れるため厭世的《えんせいてき》な思想に傾倒したと言える。

二か月に及ぶ禊ぎ

法華経は日本では天台も真言も基礎の経典とし、多くの宗派を超えて拡がった。後年には日蓮も法華経を土台にしている。道長は宗派的には浄土宗だが、修行を重んじる金峯山ばかりか最晩年には高野山にも登っている。

高野山へ登る石道は「およそ五里の距離である。森の中を延々と続くつづら折りの細い坂道だが、一町ごとに五輪の石塔が道標として建っていることからそう呼ばれる。石塔は百八十を数え、この道を藤原道長も」通過した（辻原登「陥穽――陸奥宗光の青春」）

近年でも石原慎太郎など意外な人物が法華経の意義を説いた。歴代政権のご意見番だった木内信胤《のぶたね》は、我が経済学の恩師でもあるが、あるとき宗教が話題となって「聖書で読むべきは『山上の垂訓』だけ」と発言したので賛意を述べた私は「では経典のなかで木内先生がこれというのはどれか?」と尋ねると暫《しば》し沈黙後、「やっぱり法華経だろうな」と言ったことを、この稿を書いていて思い出した。

古くから金の御岳と称された聖域に建つ金峯山寺

この一連の宗教崇拝の記念碑的行事が金峯山寺への参詣で、そのためには長期の禊《みそ》ぎを行う。禊ぎは二か月を超えるので、「長斎」という。

道長は、寛弘四年（１００７）五月十七日から登山準備の修行と禊ぎに没頭し、この長斎をおえて八月二日から金峯山へ詣でた。鴨川から船で淀川をわたり石清水で奉幣《ほうへい》した。翌日八月三日には大安寺に宿泊、四日は井外寺、五日は軽寺、六日に壺坂寺、七日は観覚寺、八日に吉野の現光寺、そして九日に祇園・宝塔に着いた。寺のあちこちに参詣して奉幣、法華経などを奉納し、多くの僧とともに供養し、自らの写経を縦が40センチ、直径15センチの特殊筒に入れて埋経した。

この埋経が元禄四年（1691）に発掘されたことは冒頭にみた。「殿中松の廊下」（浅野内匠頭切腹）の翌年に忠臣蔵となる。その十年前である。

経筒の外側に「寛弘四年八月十一日」とあって「南妙法蓮華経」のサンスクリット文字が刻印されていた。サンスクリットは空海が読みこなしたほか、当時の高僧たちが理解できた。

筒の中には道長が書写した法華経、無量義経、観音普経、阿弥陀経、弥勒上生・下生、成仏経典、般若心経など合計十五巻が納められていた。

道長は京へ戻ると十月に土御門第の仏堂で釈迦、薬師の供養を行い、高僧たちを招いての読経、願文は大江匡衡《まさひら》（赤染衛門の夫）が作文し、書は藤原行成。翌月には賀茂神社臨時祭を行い、師走には藤原一族の墓所に建立した木幡浄妙寺多宝塔を供養した。この浄妙寺跡は現在、学校の運動場と推定されている。

一日とて欠かさない仏教行事の甲斐あってか翌寛弘五年（1008）に彰子が懐妊、これこそ金峯山寺参詣の霊験あらたかなりと道長は感涙にむせぶ。

なんとも現代人から見れば非合理的な非科学的な世界に生きていたことだろう。

同年如月《きさらぎ》八日に花山院が崩御された。花山院もまた運命の人だった。花山は父冷泉帝の弟叔父、守平親王の即位（円融天皇）にともなって皇太子となり、永観二年（９８４）に即位した。

このとき実権は藤原惟成《これしげ》が握っていた。荘園整理令の発布、貨幣流通の活性化、武装禁止令、物価統制令、地方の行政改革などの政策は関白頼忠らと確執を招き、ここに懐仁《やすひと》親王の外祖父、右大臣で道長の父、藤原兼家も花山天皇の早期退位を願いだした。宮中は藤原義懐《よしちか》vs頼忠vs兼家の三巴《みつどもえ》の対立となっていた。

花山天皇は藤原為光の娘・忯子《しし》を女御に迎え、懐妊したが十七歳で急逝した。「出家して忯子の供養をしたい」と言いだし、この花山の不安心理につけ込んで出家を強く勧めたのが道長の父、藤原兼家だった。

『大鏡』は兼家が、外孫の懐仁親王（一条天皇）を即位させるために強引に出家を導き内裏から連れ出したとする。この一行が安倍晴明邸前を通ったとき、「帝が退位なさる天変があった」と騒ぎ、急いで門を開けて外に出ると、通りすぎたあとだった。この場面を『大鏡』の筋立てを基本に、安倍晴明を主人公にスリリングな小説に仕立て直したのが三島由紀夫の「花山院」だ。

　義懐と惟成は元慶寺で天皇を見つけたが兼家の陰謀にやられたことを認識し、二人も出家した。

　花山天皇の出家により懐仁親王（一条天皇）への譲位がなされ、当時、式部丞だった紫式部の父・藤原為時《ためとき》も出世の道を閉ざされる。出家した上皇となった花山は姫路の書写山圓教寺に入り、しばらくして比叡山延暦寺戒壇院で受戒し法皇となった。姫路の書写山には和泉式部も参籠したらしいが、映画『ラストサムライ』のロケ地である。現在の書写山は姫路城の北奥にあって麓《ふもと》からケーブルカーで昇る。境内は奥行きがかなり広い。私も登攀した経験があるが、ミニ登山という感じだった。

　一条天皇の母は詮子《せんし》、わずか七歳で践祚《せんそ》されたので兼家は政治力を挽回した。詮子は兼家の娘、道長の姉である。

　花山院に何かが起こると予言していたのが陰陽師の安倍晴明である。だが陰陽師は政治介入を嫌い、陰謀をすすめた兼家からは距離を置いた。

「うつろいやすい政治的勢力の隆替の間に伍して、動かしがたい一種の権力の保持者であった。いわば博士（安倍晴明）は神秘の世界に君臨していた。（中略）何ものをも見透かす霊眼は、春の海のような温和な潤みをも湛《たた》えていた。慈眼というには冷たく、冷眼というには汎《ひろ》かった。むしろその目は、何ものをも宥《ゆる》してしまうあまりに、何ものをも救わない目であった。陰陽師は宗教家ではなかった」（三島由紀夫「花山院」、新潮文庫『ラディゲの死』所載）

大活躍の陰陽師、安倍晴明を祀る晴明神社は霊験あらたかなパワースポットとして参詣客は全国からやってくる。安倍晴明は寛弘二年に没したが、一条天皇は晴明を讃えて、稲荷神の生まれ変わりだと神社を建設した。当時は宏大《こうだい》な境内だった。後に千利休は敷地内に茶室を建て、安倍晴明の井戸から水をとって沸かし茶会に興じ、秀吉もその水を飲んだという。

仏教が国教となった

道長は仏教に魅了されていた。

仏教を事実上、国教化したのは推古《すいこ》天皇の御代、摂政の聖徳太子の決断だったと言われてきた。だが十七条憲法には神道も尊ぶ姿勢が併記されている。神仏混交の始まりでもあったのだ。

現代世界情勢に詳しい菅沼光弘は外国の宗教に対して日本人がロマンティック過ぎると警告したものだった。要旨は次のようだった。

「古代には仏教派の蘇我氏と神道を守護する物部氏の争いがありましたが、あれはどちらかというと朝廷を軸とする権力闘争の意味合いが強かった。蘇我氏の勝利後も神道は生き続け、神仏習合という御都合主義的な概念も生まれました」

聖徳太子は四天王寺、法隆寺などを建立し、難解な経文を読みこなしたという伝説が残る。聖徳太子への評価は過去千四百年の間に幾度か激変に見舞われている。

近代の評価の変遷ぶりをみても、幕末維新期には主に平田篤胤《あつたね》が聖徳太子批判の政治的雰囲気を牽引した。平田神道学は廃仏毀釈運動を過激化させ、わけても薩摩と水戸では凄まじく、島津藩主自らが仏教を捨て菩提寺を棄却し、照國神社を創建した。薩摩藩領内にあった寺はすべて棄却された。こんなことが百五十年前の近代日本で起きたのだ。

仏教は国民の信仰を集めたが、僧侶たちの堕落が激しく、しかし江戸時代には寺々の人別帳が戸籍を兼ねて寺は徳川幕府の行政の一環でもあった。中世にピークを極めた仏教は有力な寺院で僧侶たちが武装し、勝手に税を徴収し、とくに浄土真宗は独立国の趣きさえあって加賀では富樫《とがし》氏を一向一揆が滅ぼし独立コミューンを樹立した。信長は加賀一揆を武力によって殲滅《せんめつ》した。

徳川家康は若き日に一向一揆に悩まされて窮地に陥った経験があり、仏教徒を政治のシステムに取り込み、しかも仏教の思想的影響力を排除しつつ儒学をまつりごとの根本に据えた。やがて朱子学が熟成、爛熟し、水戸学へと繋がる。江戸中期からは陽明学が加わって尊皇攘夷《そんのうじょうい》のイデオロギーが爆発、幕末の志士たちの思想的基盤になった（拙著『徳川家康　480年の孤独』、ビジネス社を参照）。

平田篤胤の聖徳太子批判の要点は外国かぶれでシナにへりくだったからである。仏教は国家統治の手段として蘇我氏が利用したが、聖徳太子は蘇我氏の意のままに動かされたのだという国風重視の解釈が迸《ほとばし》った。基調に過激な攘夷思想があった。

ところが明治維新政府のもと、日清・日露戦争に勝利した日本が西欧列強に追いつき、大国の仲間入りをすると、聖徳太子評価は一転する。

第一に「日出《い》ずる処《ところ》の天子、日没するところの天子に」云々《うんぬん》とシナと対等に渡り合った外交を展開した英傑であり、国威発揚の象徴、ナショナリズムの功労者という文脈で評価替えがおこり、聖徳太子は名声を回復した。

第二に戦後は「平和憲法」を信奉する人々が短絡的に「和を以て貴しとなす」の十七条憲法こそが、日本人の和を求める世界平和の魁《さきがけ》だったと我田引水、自己中毒の解釈となる。したがって戦前から戦後ながらく聖徳太子が我が国の紙幣の肖像画として印刷され、高い評価がしばらく続いた。一万円札は「聖徳太子」の符丁で呼ばれた。

現代はどうか？　歴史学界が左翼史家たちに乗っ取られ、岩波新書史観は顧みられなくとも、近年の中公新書史観ともいえる歴史学者の主流派は科学万能の合理主義である。イデオロギーを基軸にするか、政治体制に焦点を当てるものの人物本位としての流れを抑え込んで歴史の浪漫を軽視し、文献のみを証拠物件とする。

古代から中世の歴史を合理主義で裁断することはいかがなものか？

そもそも「歴史」という語彙は古代にはない。よつぐ、鏡（今鏡、増鏡、水鏡、大鏡）、そして物語である。西洋で歴史の語源はストーリーである。

歴史は英雄がつくるものだという物語性を近代の史家は忘れている。だから「合理的」視点で「聖徳太子は存在しなかった可能性がある、厩戸皇子《うまやどのおうじ》はたしかに存在したが」等と怪しい所論を展開しているのである。この詳細は最終章で別のアングルから再検討したい。

仏教は538年（宣化天皇三年）に渡来したとする説が有力である。

最初は邪教扱いされ、大伴氏、物部氏が強く排斥し、蘇我個人の信仰にとどまっていたに過ぎなかった。仏像は難波の川に捨てられた。大和朝廷の飛車角だった物部、大伴の両氏は瓊瓊杵尊《ににぎのみこと》の天孫降臨に随伴した名門豪族であり新興の蘇我氏など相手にもしなかった。

古来より日本人は自然を尊ぶ。古神道と農業社会が普遍化すると太陽信仰が重なり、各地の磐座《いわくら》信仰は原始的段階から山岳、金鉱への信仰が加わった。安定した社会秩序は邑々《むらむら》で首長を兼ねるシャーマンが治め、地域が広がると村の連合から「王」が生まれた。大和朝廷の原型は近畿豪族の連合、神武天皇は「共同王」だった。

ところが帰化人たちを組織的に束ね、朝鮮半島を経由して入ってきた仏教に早くから着目した蘇我氏は仏教が国家統治に極めて有効な手段であることを発見した。そこで布教の邪魔となってきた大伴氏と物部氏を滅ぼし、崇峻《すしゅん》天皇を殺害し、横暴を極める。この崇仏路線を売国的として物理的に蘇我を滅亡させたのが「乙巳の変」だった（拙著『間違いだらけの古代史』、育鵬社）。

中大兄皇子の黒幕は神祇伯《じんぎはく》の中臣鎌足だった。ところが事変後、皮肉なことに仏教はますます人口に膾炙《かいしゃ》し、聖武天皇の御代には事実上の国教となって古代豪族の力のシンボルだった古墳は急激に廃れ、寺院建築の贅《ぜい》を競うようになる。

聖徳太子を藤原道長はどうみたのか

客観的なことを言えば『日本書紀』が蘇我氏の功績を消そうとはかり聖徳太子に一括したため虚像が膨らんだと考えられる。

巷《ちまた》に溢《あふ》れる誤解だらけの聖徳太子論に、相澤宏明『聖徳太子・千四百年の真実』（展転社）は一石を投じ、十七条憲法と冠位十二階制度の解釈を匡《ただ》しこう言う。

「聖徳太子は仏教を最大限活用した」（中略）「我が国の伝統を踏まえ、そして対外的に国威を発揚していくため、仏教を活用しつつ、危機的環境に置かれた日本の再生に対する回答をだした」。

また冠位十二階制度はシナの模倣ではなかったとし、「仁義礼智信」は五階だが、この上に「徳」をおいて六階としたのが聖徳太子の稀な知恵であり、六階、上下合わせて十二階とし、官僚たちの向上心をうながしたのだと相澤は言う。

十七条憲法は国家の基本を述べたように見えるが、じつは官僚たちの規律である。和を尊び、長幼の序を尊重し、「承詔必謹《しょうしょうひっきん》」を統治の基本に据え、勧善懲悪《かんぜんちょうあく》、破邪顕正《はじゃけんしょう》。そして合議が重要だと説いた。早寝早起きの励行、上下関係をおろそかにするのは国家転覆の悪に繋がるとした。聖徳太子の発想も仏教を統治の手段としている点では蘇我氏と共通だった。聖徳太子前半のまつりごとは蘇我政治だったと言える。

日本でなぜ、大乗仏教が主流となり、小乗仏教は排斥されたのか。もしくはなぜ仏教の主流を小乗仏教が形成できなかったのか。

聖徳太子は『法華経』『維摩経典』等の解釈を精力的になしたが、これらは在家信者のための教えである。聖徳太子が四天王寺を建立したとされるが工事を施行したのは578年創業の金剛組だった。爾来《じらい》、金剛組は千四百年以上の歴史を持つ宮大工の老舗《しにせ》企業だ（ちなみに百年以上の長生き企業は日本に二万五千社。中国で百五十年以上の歴史を誇る老舗は五社しかない）。

津田左右吉『古代史の研究』は戦前、発禁処分となった。

筆名の通りに内容は左顧右眄《さこうべん》しているが、天照大神は男性だったトカ、神武東遷（神武東征ではない）は別人だったトカは奇想天外。聖徳太子の十七条憲法は偽書贋作《がんさく》の類《たぐ》いで、後世のシナ学者が聖徳太子の名前を借りたのだと解釈した。シナの思想的影響と、その日本への影響力という視点に立ってハナから位負けしている。シナの歴史書は創作が多く、歴史改竄《かいざん》が日立ち全幅の信頼をおけない。ましてや朝鮮の歴史書は、その上をつっぱしる

道長の豪邸だった土御門第もいまは看板が立てられているだけ

ファンタジーである。

津田左右吉の説には神代の神様への信仰と呪術に関しては参考になる箇所もあるが、驚くほど古代神道への理解がない。戦前の古代史学の状況がわかる。戦前に書物が発禁になった理由は大和朝廷の正当性の根拠を薄めかねないからだろう。

十七条憲法を後世の贋作とする津田左右吉の論拠は以下の通りである。

「この憲法の制作の時期と作為とは、その文字にシナの古典の成語が多く用いられていて、この点において『続《しょく》日本紀』にみえる詔勅や『日本書紀』の文章と類似している（中略）、内容から考えて、その作者は儒家の系統に属する」

つまり「仏家からでたものではあるまい」とする。

しかし今日の古代史研究は、津田の限界を超えてはるかに進んだ。

釈迦の教えは入滅後、セクト化した。

最も保守的で権威主義的な正統派を「上座部仏教《じょうざぶ》」（小乗仏教というのは大乗仏教からみた侮蔑語）という。ミャンマー、ラオス、スリランカから東南アジア諸国に拡がった。釈迦の教えに忠実に、出家して戒律を守ることで解脱を目指す信仰だ。

しかし日本で好まれたのは在家であり、この思想が大乗仏教と総称され、広く民衆の救済を目指した。つまり小乗仏教では出家して修行を積み戒律をマスターした高僧が下々《しもじも》を導く。カソリックが教会の聖職者に権威を持たせる一方で、教会が利権と化した。

その批判者としてフスやルターが生まれ、やがてプロテスタントが勢力を扶植《ふしょく》したように中国では高僧が政治に介入しようとした。

中国皇帝が重視してきた儒教・道教と新興の仏教がぶつかるのは当然だろう。シナでの布教の限界を悟った高僧らは居場所を求めて、つまり「宗教の市場化」を求めて日本に渡来した。たとえば鑑真《がんじん》が日本仏教界を指導しようとして乗り込んできた。だが、すでに中国の仏教の上座部仏教より、日本では「在家信者」が主流だった。

鑑真は六度目の正直で来日を果たした（天平勝宝五年＝753）。奈良への到着は翌年になり、平城京で聖武上皇の歓待を受け、後継の孝謙天皇は戒壇設立と授戒を鑑真に一任した。背後で段取りを組んだのは藤原仲麻呂である。

授戒をシナの高僧に任せたのだ。鑑真は東大寺大仏殿に戒壇を築き、聖武上皇は勝満、宮子夫人は沙弥尼徳太、光明皇后は沙弥尼万福と、上皇から僧尼まで四百名に菩薩戒を授けた。仏教に陶酔し、国をあげてシナの仏教が先人と拝んでいた時代であり自立の精神が希薄だった。

鑑真は藤原仲麻呂に建立して貰った唐招提寺《とうしょうだいじ》で死去した。鑑真らの活動も東大寺でこそ支配的だったが、日本の仏教界で鑑真の影響力は大きくならず、唐招提寺の近辺に留まった。のちに浄土真宗、日蓮宗など大乗仏教が多数派となった。

日本における小乗仏教は曹洞宗（永平寺、總持寺）が典型である。開山はシナ留学帰りの道元だった。栄華を築く藤原道長が信仰した仏教は大乗仏教の浄土宗だった。

自ら建立した寺や土御門第（道長の豪邸）において藤原道長は頻繁に法華経の勉強会を開催し、高僧を招いて講義させた。道長は仏教にのめり込んでいた。

かくて有名な和歌が詠まれた

話題を戻す。道長の権力の源泉に思想も政治信条も希薄であり、ひたすら人事権を行使し、富の分配を工夫して政治を動かした。

「望月」の和歌は、いついかなるシチュエーションから生まれたか、もう少し掘り下げてみよう。

寛仁二年（1018）、三女威子の入内が決まり、前々年に焼失していた土御門第の新築が完成し、池も造作され素晴らしい調度品に囲まれた。

藤原実資は「太閤（道長）の徳、帝王のごとし、世の興亡、ただ我が心に有り」と書いた。京の民衆が見物に押しかけるほどで三女威子の立后は十月十六日と決まった。

藤原道長の子どもたち

倫子＝道長＝明子

- 倫子
  - 彰子（一条天皇中宮）
  - 頼通（摂政・関白）
  - 教通（関白）
  - 妍子（三条天皇中宮）
  - 威子（後一条天皇中宮）
  - 嬉子（東宮敦良親王妃）
- 明子
  - 頼宗（右大臣）
  - 顕信（右馬頭・出家）
  - 能信（権大納言）
  - 長家（権大納言）
  - 寛子（敦明親王女御）
  - 尊子（源師房室）

儀式が終わり宴となって酩酊《めいてい》した道長は実資に、摂政を禅譲したばかりの息子、頼通に乾杯してくれないかと要請した。

『小右記』は宴会の模様を次のように描写した。

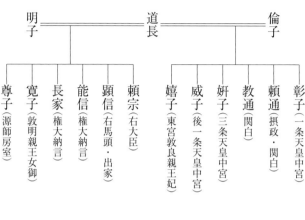

「南階の東の脇に座を敷き、令人を召し出し衝重を給ふ。卿相・殿上人等絃歌、人々相応じ、堂上・地下糸竹同声、三四巡の後、太閤戯れて云く。右大将（実資）盃を我が子（頼通）に推むべき也」

盃は頼通、道長、公季をめぐり、道長は満足の体で「これから歌を詠む」と『御堂関白記』に書き残したが、どんな歌かを書いていない。それを聞き覚えていたのが実資だけで、『小右記』に「これは宿《しゅっ》構《こう》ではない」、即席だと断って「この世をばわが世

とぞ思う望月の　かけたることもなしと思えば」と詠んだとある。

国文学者の池田亀鑑は「我が世というのは我が生涯という意味で、満足感をそのまま歌にしたものだ」と解釈した。

作家の高樹のぶ子は「望月」の歌をめぐって次の感想を述べた。

「権力の誇示が、太陽ではなく望月だというところに、なんとも言えず日本人の心の、陰影の深さが見えませんか。ここに、日本独特の精神性がありそうな気がします」

（日本経済新聞」、令和五年一月十五日）。

山中裕は『藤原道長』（吉川弘文館）の中で次の解釈をなした。

「この歌が『宿構に非ず』というのは重要な所であって、この場で俄《にわか》に詠んだということに注目すれば、その場に臨んで感に堪えず、もはやこの世に望むものはない、満ち足りた生涯のこの上もない満足が、ふと歌にでたに過ぎないのである。道長の栄華達成の道のりに即した大らかさがこの歌にはみられる」

『源氏物語』研究で知られ、『紫式部日記』の現代語訳者でもある山本淳子（京都先端科学大学教授）は次を指摘する。

「『この世』は『この夜』の掛詞で、『今夜のこの世』といった意味。『今夜は本当にうれしい』という喜びの気持ちを詠んだ歌で、唱和に似合う歌だった」

しかし歌が詠まれた日、当時の暦では望月＝満月ではなかった。

『小右記』によると、歌が詠まれたのは、娘の結婚の儀式や関連行事が済み、さらに宴会が終わった後に開かれた、いわば二次会の宴席。人を押しのけないと盃が回らないほど、相当数の貴族が酒を酌《く》み交わす、にぎやかな場だった。注目は道長に請われ、実資が道長の息子、頼通に酒を勧めたことだ。実資は道長におもねらない人だった。そんな一家言の持ち主（藤原実資）が息子と盃を交わしてくれた。頼通は前年に摂政の位を道長から譲られたばかり。
「道長にとっては、実資に『頼通を支えてくれないか』という思いがあり、実資はその気持ちを深く受け止めた。道長はその喜びを歌に込めた」（山本教授）という解釈もある。

大事なポイントを私は『小右記』を三回目に読んだときに発見した。

「大納言公任と中納言行成は、（宴に）参らなかった」（倉本一宏訳）。

やはり。藤原公任は道長に近づいたばかりか、ほとんどの歌会に出席した和歌の達人にして『和漢朗詠集』の選者である。あまつさえ公任は長女を道長の息子の頼通に嫁がせた濃密な間柄である。公任の歌会欠席が意味することは大きい。そして『権記』でこまめに日記をつけた道長べったりの藤原行成が現場を目撃していない。歴史の証人が不在ではないか。

かくして私は「我が世とぞ」の歌は実資の後智恵を交えた脚本的工夫があると考えている。

第二章

『源氏物語』の主人公＝光源氏のモデルは藤原道長

紫式部はなぜ道長をモデルに？

紫式部の名前は現代日本では、藤原道長より有名である。とくに若い世代は歴史知識が乏しいから「ミチナガって誰？」。

紫式部（藤原香子《こうし》）は、現在の盧山寺《ろざんじ》境内にあたる場所に暮らしていた。盧山寺は京都御苑東にあった土御門邸跡をでて寺町通りを南へ100メートルほど、寺はやや小ぶりな敷地だが、看板に「紫式部ゆかりの地」とあって観光客が多い。天台宗のお寺で境内に建立されている黒ずんだ紫式部の大きな歌碑には次の歌が彫られている。

「めぐりあひて　見しやそれともわかぬ間に　雲がくれにし　夜半の月影」

紫式部の曽祖父、権中納言・藤原兼輔（堤中納言）が建てた邸宅（堤第《つつみてい》）があった場所とされ、紫式部はここで育ち、結婚生活を送り、娘の賢子《けんし》を産んだ。盧山寺の案内文には長元四年（1031）、五十九歳で死去したと書かれているものの実際の生没年は不明

京都御所に近い廬山寺が紫式部邸（上）。紫式部の墓は京都の雲林院に近い（下）

福井県越前市に所在する紫式部公園内の金ピカ像

である。

　紫式部公園は、夫の赴任に伴って一時期移住した越前武生《えちぜんたけふ》（現在の福井県越前市）にある。なかなか立派な公園で往時を偲《しの》ばせる庭園には池が造成され朱色の橋がかかっている。公園の突き当たりに聳《そび》える金色の像が紫式部だ。武生駅からはやや遠い。この地には越前国府が置かれ、栄えた。現在の越前市役所がその跡地だ。

　越前守として夫が赴任したのは栄転で当時、越前は海産物が豊富で経済的には豊かだった。道長が人事権をもっていたので希望地への任地替えができた。紫式部と道長の親密度が表れている。

「源氏物語ミュージアム」は宇治市にできた。なにより紫式部の墓は京都の目抜き通りに（京都市北区紫野西御所田町）標識があり、毎日誰かれとなく生花を供えている。清楚《せいそ》な墓所である。


紫式部とは対照的に藤原道長を記念する公園も、博物館もなければ銅像もない。道長の書がいくつかの歴史館、美術館の展示品として残るばかりだ。宇治平等院は道長の別荘を息子の頼通が大改装して阿弥陀堂を基軸としてきらびやかな寺院にした。道長が渾身の情熱を傾けた法成寺《ほうじょうじ》はまるで跡形もなく、その跡地は学校の運動場となっている。付近の寺に礎石が残るだけだ。ましてや木幡にある道長の墓は雑草だらけ。後世の二人の顕彰は極端に分かれた。

これはどうしたことだろう？

さはさりながら『源氏物語』の主人公・光源氏のモデルは藤原道長である。

千年も前に書かれた恋愛小説が世界中で読まれ、感動の波が続いている。世界中に源氏のファンがいる！

『源氏物語』以前に日本での小説らしき物語は『竹取物語』『宇津保物語』『落窪物語』などがあるけれどいずれも作者不明で原本は存在せず、十三世紀頃の写本が伝わった。夢想か現実か、かぐや姫は雲に乗って宇宙へ帰る。天から舞い降りる美女もいる。こうしたファンタジーの世界は『古事記』でもウガヤフキアエズ（神武天皇の父）を産み置いて竜宮城へ帰る媛《ひめ》がいた。神功皇后《じんぐう》の乗った新羅遠征の船は魚の大群が運んで新羅へ押し上げたことになっている。

『宇津保物語』は全体の構成、筋の展開などが奇譚も交えて『源氏物語』の原型のような箇所がある。また二百年後の『堤中納言物語』はもろに源氏の影響がある。堤中納言と呼び名されたのは紫式部の曾祖父、藤原兼輔である。

京都御所を凌ぐほどの敷地と偉容な構造を誇った道長の土御門邸（「土御門第」）の近くに紫式部は住んでいた。道長の長女彰子が入内して中宮になり、御産で里帰りしたのが土御門邸だった。紫式部はこの大邸宅に「女房」（女侍従）として住み込み、彰子の世話をしていた。

道長の時代の「女房」は付き人、世話役の意味でわかりやすく現代語でいうとマネジャーか。「女御」が側室もしくは愛人を意味した。

藤原実資の『小右記』では彰子との連絡を「女房」にとらせたとあるのは、紫式部のことである。

二人は毎日のように会っていた

紫式部は毎日、身近に当時最高権力の座にあった藤原道長を見ていた。

日ごろから接し、歌の交換もしょっちゅうなされた。藤原道長は勝手に式部の部屋に入って書きかけの草稿を持って行ったりした。

「オトナのかくれんぼ遊び」のような場面も『紫式部日記』には書かれていて敦成《あつひら》親王五十日祭でも道長が酔って紫式部を追いかけ、歌を詠めという。

そこで紫式部は、

「いかにいかがかぞえやるべき八千歳のあまりひさしき君が御代をば」

道長の返歌

「あいたずのよはひしあれば君が代の千歳のかずもかずえとりてむ」

この日は中宮が道長邸に出産帰宅しており、それから十六日後にも道長はふらり式部の部屋を覗《のぞ》き、書きかけの源氏物語草稿を持って行った。それほど二人は親密だった。

寛弘五年秋、『紫式部日記』には次の記述がある。

「秋のけはひ入り立つままに、土御門殿（道長）のありさま、いはむかたなくをかし。池のわたりの梢ども、遣水のほとりの草むら、おのがじし色づきわたりつつ、おほかたの空も艶なるにもてはやされて、不断の御読経の声声、あはれまさりけり。やうやう涼しき風のけはひに、例の絶えせぬ水のおとなひ、夜もすがら聞きまがはさる」

（秋が深まり中宮彰子の出産を控える道長邸は趣をふかめ木々は色づき、空も鮮やか。絶えることのない安産祈願の読経が胸にしみ、夜風に庭のせせらぎの音が響き渡る）

この風景に合致する道長の記録は『御堂関白記』の寛弘五年（1008）七月、「勝算僧正が中宮藤原彰子の修法に奉仕」という箇所で、安産祈願の読経が響いていた。彰子はお産のために里帰りし紫式部が付き添っていた。『紫式部日記』の冒頭にある風景の表現方法を錦仁（新潟大学名誉教授）は次のように評価する。

「紫式部はまず、池のほとりの木々の梢を見て、遣水のほとりの草むらに目を移す。次に、初秋の空を見あげて、読経の声を聴く。やがて夕暮れになり、風が涼しくなったころ、吹きわたる夜風の中に、読経の声と水の音が美しく響き合うのを聴いている。すなわち、昼の光から夜の闇へと変化する邸内を見ているのだが、その視線は、高い天空から地上の邸内へ、高い梢から低い草むらへと移動している」（道長の）「土御門邸は地上で最も美しい場所だ。美しい音声が満ちており、天空に向かって響いてゆく。だから紫式部は日記の冒頭にこのように描写した」（錦仁『歌合を読む』、花鳥社）

そして出産前のある日の出来事を『紫式部日記』が書き留めている。

「ほのうちきりたる朝《あした》の露もまだ落ちぬに、殿ありかせ給ひて、御随身召して遣水払はせ給ふ。橋の南なる女郎花《おみなへし》のいみじう盛りなるを、一枝折らせ給ひて几帳の上よりさし覗かせたまへる御さまの、いと恥づかしげなるに、我が朝顔の思ひ知らるれば、『これ。遅くてはわろからむ』とのたまはするにことつけて、硯《すずり》のもとに寄りぬ。

女郎花さかりの色をみるからに
　露の分きける身こそ知らるれ

『あな、疾《と》（徒）』と微笑みて、硯召し出づ。

白露は分きても置かじ女郎花
　心からにや色の染むらむ」

（霧のかかった朝、道長様が供をつれてこられ、庭の遣り水のゴミを掃除させていた。殿はわたしに気がつくと花盛りだった女郎花を一枝折って、几帳（仕切りの屏風）のうえから差し出した。立派なお姿、私はまだ寝ぼけ眼、恥ずかしかったが、殿は「この花で詠め」といわれるので即席で「女郎花は秋の露でいっそう美しきかな、ひきかえて我が姿がはずかしい」と詠むと「じつに早い返歌だ」とされ、硯を所望されて次を読まれた。「露はどこにでも降りる場所を識別しない。女郎花は美しくありたいとする心で染まる。そなたも心がけ次第じゃ」）

まるで恋文の交換風景である。

このとき道長は四十一歳。紫式部は三十代前半。女ざかりだ。この歌のやりとりは意味深である。

恋歌と取れるし、道長は紫式部をいとおしく思っていることが分かる。女郎花は秋の七草、その根を乾燥させたものは敗醤《はいしょう》という生薬となる。

千年のこる日本語

林房雄は特注した和紙の原稿用紙に筆で書いた、おそらく最後の文人のひとりだろう。硯に墨を摺《す》って墨汁を溜め、一字一字丁寧に日本語を綴《つづ》る。そこには精神が宿る。言霊《ことだま》が籠められるからだ。墨を摺る作業も心を落ち着かせる重要な時間である。

文学は天地《あまつち》を動かす大業と藤原定家が言ったように人々の心の琴線を揺らし、あるいは行動に駆り立てる。

硯と墨は天然の産物だった。

紙は、紀元前二世紀頃、中国で発明された。エジプトのパピルスは紙ではない。西暦105年に蔡倫《さいりん》（後漢の役人）が製紙法を改良し実用化された。

だが言論の自由を許さない漢朝では紙は皇帝の独占であり、戦略物資と考えられていたから逐一の許可が必要だった。蔡倫紙の原料は麻のボロきれ、樹皮などだった。聖徳太子時代にシナから伝わった紙を日本は独自な技法で和紙に改良した。

和紙の原料は楮《こうぞ》、みつまた、雁皮《がんぴ》の靭皮《じんぴ》（植物の外皮の下にある柔らかな内皮）など繊維が中心である。繊維は長く強靭なものが選ばれ、光沢があった。和紙は他に麻、桑、竹、書道用紙には木材や藁《わら》も用いられた。

紙が発明される前は竹簡か木簡、あるいは石にも文字が彫り込まれた。

近代化が進みタイプライターが発明されると欧米では手書きの習慣が薄れ、大量の印刷が可能となった。現代人が文章を綴るのはパソコンが主体となって、辞書も不要、百科事典で調べなくともグーグルで検索し、そのうえ自分が考えなくてもＡＩ搭載のチャットＧＰＴが作文してくれる。ゆえに現代人は漢字を忘れがち、まして新聞は語彙に制限を設けている。

チャットＧＰＴは人間から思考を奪うリスクを抱えているが官公庁などは役所仕事の省力化に役立つと言って前向きである。

加速度的な文明の利器にあらがって、いまも四百字詰めの原稿用紙に万年筆で書く小説家、評論家がいる。筆者の周辺でも西尾幹二、中村彰彦、北方謙三、小堀桂一郎らだ。

世に問われた作品の寿命について考えてみた。富岡幸一郎に『千年残る日本語へ』と題した文芸論があるが、現代日本文学で果たして千年の風雪に持ちこたえる作家はいるのだろうか？

漱石、鷗外はあと百年は持ちそうだが、大江健三郎や村上春樹は百年もの耐久力はなさそうである。日本の土の匂い、風土の香りが何もしないからだ。たぶん千年の歳月を超えて残るのは三島由紀夫ぐらいだろう。

千年を超える文学、歴史物には古事記、日本書紀はもとより源氏物語、栄花物語、和泉式部日記、徒然草、方丈記など平安文学が山のようにある。

こう書いているとき、異変が起こった。

『週刊新潮』（令和五年四月二十七日号）のグラビアで知ったのだが紀伊國屋書店に深夜の行列ができて午前零時に発売開始となる村上春樹の新作を買い求める客だという。この人たちのことを「ハルキスト」と呼ぶ由である。

となると道長は当時のハルキストか？

紫式部は道長の何に惹かれたのか？『紫式部日記』から二人の関係を、もっと掘り下げて後節で推測する。

また当時の文学状況という文脈から女流作家たち、紫式部、清少納言、和泉式部、右大将道綱母、菅原孝標女、赤染衛門らは、同世代を生きたライバル関係を紐解くのも重要だろう。前者三人は恋多き女たちだが、とくに和泉式部について紫式部は才能を激賛する一方で「素行が悪い」と批判している。赤染衛門は夫の赴任先の尾張から注意する手紙を送り、後世の頼山陽《らいさんよう》は「淫行《いんこう》多し」と和泉式部を批判した。

まず『源氏物語』の文学性、その世界性に触れておきたい。

『源氏物語』は世界文学の最古参、しかも優美な恋愛小説として早くから英訳され、超訳といわれるアーサー・ウェイリーに続いて、エドワード・サイデンステッカー、デニス・ウォシバムらが翻訳した。ポーランド語など各国語にも訳された。アラビア語、イタリア語、クロアチア語、スペイン語、スロヴェニア語、タミール語、ドイツ語、ハンガリー語、韓国語、パンジャビ語、フランス語、ポルトガル語、モンゴル語、タイ語など32か国語。中国語訳は豊子愷訳で人民文学出版社から上梓《じょうし》された。

古文を理解できない現代日本人は現代語訳で鑑賞することができる。現代日本語訳は与謝野晶子、谷崎潤一郎に始まり、円地文子、田辺聖子、角田光代、山本淳子、橋本治、林望、大塚ひかり、尾崎左永子《さえこ》、今泉忠義ら。瀬戸内寂聴も挑んだ。林真理子は光源氏を主人公とする創作『源氏がたり』を書き、そのあとで現代セレブ男性の女性遍歴を日本経済新聞に連載した（『愉楽にて』）。これは源氏に通暁しているからこそ書けた男の視点からの恋多き話である。

三島由紀夫は古典の現代語訳には反対だった。

「現代語訳を読むだけでは、古文原文のもつ感性・感覚・リズム、そして、現代文とは異なる文章の組み立てられ方が理解できないのである。これらは受け継ぐべき伝統であると三島は考えていた」（前田雅之『古典と日本人』、光文社新書）

三島は王朝文学の現代版を綴った。初期の作品群、たとえば「軽王子《かるのみこ》と衣通姫《そとおりひめ》」や、「花山院」、とりわけ『源氏物語』とならぶ傑作は『春の雪』である。

三島の遺作となった『豊饒《ほうじょう》の海』第一巻が『春の雪』、不倫の道行きなど源氏の結末を連想する。なにしろ宮様と婚約した美女を主人公の松枝清顕が妊娠させるという不義、そして女性は尼寺に入る。まるで『源氏物語』ではないか。

三島由紀夫は学習院時代に東條操《とうじょうみさお》教授の源氏の講義を受けた。その学習院時代の想い出を徳大寺公英との対談で披瀝《ひれき》している（『新潮』昭和四十四年二月号）

「国文学ってのは、いまどんな教え方してるのかわからないけれども、東條操って先生がいたでしょう。あの先生が源氏を朗読するんですよ。御歌所へいったらさぞいいだろうと思うようないい声で、源氏を読んで聞かせるんですよ。意味がわからなくてもね、朗々たる声で読むんですよ。それでほんとに源氏の美しさってのがわかったですね」

しかし同時に三島由紀夫は国文学者、松尾聰から『浜松中納言物語』の講義を受けており、『春の雪』に始まる『豊饒の海』全四巻に一貫する輪廻転生物語の基軸となった。『浜松中納言物語』の作者と擬されるのは『更級日記』を残した菅原孝標女である。

不義密通、不倫が下敷きとなって輪廻転生が語られ、たしかに『豊饒の海』は『浜松中納言物語』に依拠している傾向が強いけれども基調の旋律は王朝文学の影響がある。しかも『源氏物語』で読むべきは「花の宴」と「胡蝶」だと三島由紀夫は言った。それは次の事由による。

「人があまり喜ばず、又、敬重もしない二つの巻、『花の宴』と『胡蝶』が、私の心に泛《うか》んだ。二十歳の源氏の社交生活の絶頂『花の宴』と、三十六歳の源氏のこの世の栄華の絶頂の好き心を描いた『胡蝶』とである。この二つの巻には、深い苦悩も悲痛な心情もないけれども、あくまで表面的な、浮薄でさえあるこの二つの物語は、十六年を隔てて相映じて、源氏の生涯におけるもっとも悩みのない快楽をそれぞれ語っている。源氏物語に於て、おそらく有名な『もののあはれ』の片鱗もない快楽が、花やかに、さかりの花のようにしんとして咲き誇っている」(「日本文学小史」、中公文庫『古典文学読本』所載)

三島はこうも言っている。

「このような時のつかのまの静止の頂点なしに、源氏物語という長大な物語は成立しなかった。見方を変えれば、退屈な『栄華物語』のあの無限の『地上の天国』のくりかえしを、凝縮して短かい二巻に配して、美と官能と奢侈の三位一体を、この世につかのまでも具現し、青春のさかりの美の一夕と、栄華のきわみの官能の戯れの一夕とを、物語のほどよいところに鏤《ちりば》めることが、源氏物語の制作の深い動機をなしていたかもしれない。逆に言えば、もし純粋な快楽《ヴォリュプテ》、愛の悩みも罪の苦しみもない純粋な快楽が、どこかに厳然と描かれていなかったとしたら、源氏物語の世界は崩壊するかもしれないのである」（同前掲）

道長と同じ軌跡をたどる源氏

この三島由紀夫の解釈を考慮にいれて『源氏物語』の概要をざっと眺めてみよう。

「桐壺《きりつぼ》」で、帝の寵愛を一身に受けた桐壺更衣《こうい》は大納言だった父も死んでおり、後見役がいない。このため妃をはじめ後宮の女たちから嫉妬されていた。皇子を出産後、虐めに耐えかねて更衣は病で亡くなる。帝は深い悲しみにくれた。

宮は美貌に恵まれ、学問、音楽に才能を発揮したため政争にまきこまれないよう臣籍降下させ「源氏」姓を与えた。光源氏の誕生である。

事実に照らすと、藤原の祖、鎌足の次男となったのは天智天皇の御落胤《ごらくいん》、藤原不比等であり、その状況に酷似している。

源氏のモデル、藤原道長も若いときは目立たない処世に徹した。不比等も政治家として頭角を現すのは三十歳からだ。藤原不比等と道長の強運と権力の掌握の共通項はむしろ三十歳まで隠忍自重し派手な突出を自ら抑えたからだろう。

『源氏物語』では桐壺更衣に生き写しといわれた藤壺《ふじつぼ》の宮が入内し、帝の心は癒され、源氏も藤壺に亡き母の面影を求めた。帝の寵愛を受ける源氏と藤壺を、人は「光る君」「輝く日の宮」と呼んで讃えた。源氏は元服、左大臣の娘（葵《あおい》の上）と結婚したが四歳年上の妻になじめなかった。

「帚木《ははきぎ》」では葵上の兄、頭中将《とうのちゅうじょう》が訪れ源氏に贈られてきた恋文を見つけた。話題は女性論になる。左馬頭と藤式部丞が加わり「雨夜の品定め」が繰り広げられる。源氏は話を聞きながらも理想の女性、藤壺にますます思慕を寄せる。帝の愛妃に懸想《けそう》するのだ。

「空蟬《うつせみ》」の巻では、なかなかなびかない空蟬に源氏は固執する。若い女ではないが、源氏は空蟬に品のある慎みを感じた。寝所に忍び込むが、察した空蟬は寝所を抜け出した。行きがかり上、源氏は空蟬と同室で眠っていた軒端荻《のきばのおぎ》と情を交わす。

私の勝手な想像だが、この女性が紫式部だった可能性がある。

「夕顔」の巻にすすむと、源氏は六条に住む高貴な女の所に忍んで通っていた。

この時代、男性が女性の元に通うというのが習わし、邸に女を呼ぶ風習はなかった。

光源氏は宮中から六条に向かう途中、夕顔と知り合う。六条の高貴な女との関係に気詰まりを感じていた源氏は夕顔におぼれるが、物の怪に襲われる夢を見て覚醒すると夕顔は死んでいた。夕顔の侍女、右近から頭中将との間に子までなした女だったと知らされる。義兄の愛人との不倫だった。

「若紫」では、一転して源氏は瘧病《わらわやみ》に苦しみ、北山の聖《ひじり》を訪ねる。由緒ある家で可憐な少女（紫の上）を垣間見た。源氏が恋い焦がれる藤壺の宮に生き写しだった。少女は兵部卿宮の姫君で藤壺の宮の姪。藤壺は懐妊する。罪の意識に苛まれる。源氏は紫の上を二条院に連れ去った。

この頃、宮中ではすでに物語の作者として知られた紫式部は「若紫」と渾名《あだな》された。

「末摘花《すえつむはな》」は余興譚のようなもので、常陸宮の姫君（末摘花）のことを聞く。姫は荒れた邸で琴を友に暮らしているという。興味を持った源氏は、常陸宮邸を訪れ、琴の音を耳にする。姫と強引に契《ちぎ》るが、その琴の音色の優雅さと対比的な姫の風情のなさに落胆する。

「紅葉賀《もみじのが》」では朱雀院への行幸に先立ち、身重の藤壺に気遣って宮中で試楽《しがく》が催された。源氏は頭中将と青海波《せいがいは》を舞い激賞される。藤壺は言葉少なに褒めただけだった。出産のため三条宮に退出した藤壺は源氏を遠ざける。源氏の思いは藤壺に似る紫の上に向けられていく。このため正妻の葵の上との仲はいっそう遠くなった。

道長には后が二人。几帳面《きちょうめん》に道長は二人の妻と交互に接し、それぞれに五、六人の子を産ませた。愛人たちはほかに大勢。

江戸時代に儒学が徳川の官学となると従来の道徳観はおおきく変化する。

水戸光圀の和学ブレーンとなった安藤為章《ためあきら》は『紫女七論』を書いて『源氏物語』の光源氏と藤壺の密通、さらに不義の子を天皇に即位させたことを問題にした。

しかし本居宣長は『紫文要領』で光源氏と藤壺の密通を儒教的に批判する見解に対して「又あひがたく人のゆるさぬ事のわりなき中は、ことの深い思ひいりて哀の深きものなり」と批判した。

「不倫しかも義母との不倫という世間的かつ儒教的に見れば断固許されない行為においてこそ『もののあはれ』が至高の状態にあるとして、心から肯定したのであった。（中略）もののあはれの窮極を描くために、この恋を記したと（宣長は）解釈したのである」（前田雅之前掲書）

藤壺が出産をした。源氏の生き写しの皇子を前に藤壺は恐れおののくが、事実を知らない帝は皇子の誕生を手放しで喜んだ。

三島由紀夫が重視した「花宴」の巻が次に続く。

南殿で桜の宴が催された。源氏は帝に所望され、詩や舞を披露し賞賛される。したたかに酔った源氏は弘徽殿《こきでん》に忍び込む。女はおびえるが、源氏と知って心を許す。翌朝ふたりは名前も交わさぬまま別れた。女は政敵、右大臣の娘、弘徽殿の女御の妹だった。現代人の道徳観念や倫理観から言えばインモラルの連続だが、この時代の雲上人には儒教的な道徳観はない。

儒学が世の道徳を支配した江戸時代になると頼山陽は「淫行多し」と非難めいた批評をしている（『日本政記』）。

「葵《あおい》」の巻では、桐壺帝が譲位をして弘徽殿の女御が産んだ皇子が帝（朱雀帝）となる。右大臣家が権勢を強め六条御息所《ろくじょうのみやすどころ》の娘が斎宮に定められた。源氏は悲しみにくれるが、喪が明けて二条院に戻る。紫の上と新枕《にいまくら》を交わす。

「賢木《さかき》」では桐壺院が崩御。年があらたまり、朧月夜が尚侍《しょうじ》として帝に仕えた。朱雀帝は母、弘徽殿大后の言いなりになって源氏は政治的に追いつめられる。源氏の藤壺への執心はますます強まり、悩んだすえに藤壺は髪を落とした。二人はある日、右大臣に現場を目撃されてしまった。源氏の転落と逃避行が始まる。

「花散里《はなちるさと》」で源氏は厭世を強めていく様が描かれ、「須磨《すま》」で居場所のないことを自覚した源氏は須磨へ退去を決断、紫の上は悲嘆にくれる。

須磨で秋を迎えた。帝や東宮は源氏を恋しく思うが、弘徽殿の大后を恐れ、源氏に便りを出すことさえできない。

そんなおりに宰相となった頭中将が源氏を訪ねてきた。

「明石」では雷雨の中、源氏は住吉の明神に祈りを捧げた。夢枕に故桐壺帝が立ち、この地を去れとのお告げ。翌朝、明石入道が源氏を迎えに現れる。源氏は明石の君に手紙を送るが、身の程を知る姫はなかなかなびかない。やがて明石の君と契る。関係は冷却するのだが、明石は懐妊していた。源氏は都に復帰し、権大納言に昇進した。

光源氏も権勢を極めた

「澪標《みおつくし》」の巻では、東宮（じつは源氏の子である）が元服し、即位する（冷泉帝）。源氏は内大臣に昇進、葵の上の父、兄もともに昇進し、源氏は権勢を強めた。娘と帰京した六条御息所は病に倒れ、出家。六条御息所は娘（斎宮の女御）を源氏に託しこの世を去った。源氏は後見を誓った。朱雀院は斎宮の女御を所望するが、源氏は藤壺と結託し、冷泉帝へ入内させることを計る。

以下、「蓬生《よもぎう》」「関屋」「絵合」「松風」「薄雲」とつづき、「槿《あさがお》」で源氏は槿の姫君に恋心を送るが、姫君はなびかず、「少女」でも槿のかたくなな態度は変わらない。斎宮の女御が立后し源氏は太政大臣に、頭中将は内大臣に昇進した。太政大臣と言えば天皇に助言しまつりごとを専断する権力の頂点である。

実際に道長が太政大臣となったのは寛仁元年（1017）、五十二歳のときで、しかしその頃すでに道長は多くの病を抱えて厭世的になっていた。目が見えないと嘆いた日記から現代病理学で言えば、肺結核か糖尿病、それに加えて白内障を併発していたようだ。

『源氏物語』の筋に戻ると主人公の源氏は、四季を趣とする四つの空間からなる六条院を完成させた。

敷地内に「春の町」を紫の上、「夏の町」を花散里の邸とし、「秋の町」を斎宮の女御の里邸とした。この大邸宅は土御門邸がモデルであろう。この土御門第で彰子に仕えていたのが紫式部である。

そして『源氏物語』は終盤へ向かい、「玉鬘《たまかずら》」「初音《はつね》」とつづき「胡蝶」の巻へ移行する。春の御殿で源氏は船楽《ふながく》を催した。中宮に仕える女房たちも見物し盛大な宴となった。源氏の弟、蛍の宮をはじめ、参列した男たちは玉鬘の存在に気もそぞろだった。

この「胡蝶」の巻を田辺聖子の現代語訳から引用してみよう。

「三月の二十日すぎ――もう春も闌《た》けようという頃なのに、ここ六条院の、春の御殿の庭は盛りの美しさだった。

池には龍頭・鷁首《げきしゅ》の船を浮かべ、楫《かじ》とりの童《わらわ》も、棹さす童も、髪はみずらに結わせて唐風の装束である。船には着かざった若い女房たちが乗りこみ、中島をめぐって春の御殿につく。青々と緑の糸を垂れる柳、紅い霞のような花々。渡殿をめぐる藤、澄んだ池水にうつる岸の山吹、池の鴛鴦《おしどり》、……笛や琴の音は、春の空にたちのぼってゆく。

夜に入っても歓は尽きず、庭に篝火を焚き、夜もすがら音楽会はつづく。ほのぼのと春の空が明けると、今日はまた、中宮の方の秋の御殿で、おごそかにも華やかな法会がある」（田辺聖子『絵草紙　源氏物語』、角川文庫。傍点宮崎）

この箇所を読みながら私は『春の雪』の松枝清顕の庭の描写を思い浮かべたが、唐風の船首の飾りはともかく童が髪をみずら（戦士の髪型）に編んだとは、まるで神功皇后か、ヤマトタケルを連想した。和漢折衷である。

以下、『源氏物語』の章立ては、「蛍」「常夏」「篝火《かがりび》」「野分《のわき》」「行幸《みゆき》」「藤袴《ふじばかま》」と新しい姫君との出会いや昔の女達の動静、政局における力関係の微妙な変化が絵巻物のように変転し、「藤裏葉《ふじのうらば》」では明石の姫君の入内《じゅだい》が決まり、紫の上は実の娘への思いを斟酌《しんしゃく》し、明石の君を姫の後見とする。

「若菜」では源氏の四十歳を祝い、正月に玉鬘が若菜を献じる。朱雀院は出家に際して末娘女三宮の行末を案じ、これを源氏に嫁がせる。紫の上の憂慮はひとかたならない。秋、源氏四十の賀が盛大に行われた。おそらく、この宴で「わが世とぞおもう」が謳われたのだろう。

「御法《みのり》」で紫の上が出家を望むが、源氏は決して許さない。紫の上は二条院で自身の発願による法華経千部の供養を盛大に催す。紫の上は自身の死が近いことを悟り、近親者と別れを交わし、この世を去る。源氏は悲嘆に暮れた。無情と出家の色調が濃厚になる。

「幻《まぼろし》」で源氏は出家を決意し、紫の上と交わした文を焼き、紫の上の死後、初めて人前に姿を現した。源氏は自分の人生が終わったことを悟る。

「雲隠」は幻の帖で巻名だけが残された。以後42帖から54帖までは光源氏亡き後の物語である。

かくして三島由紀夫は源氏を基軸とした平安文学を次のように総括した。

「文化の白昼《まひる》を一度経験した民族は、その後何百年、いや千年にもわたって、自分の創りつつある文化は夕焼けにすぎないのではないかという疑念に悩まされる。明治維新ののち、日本文学史はこの永い疑念から自らを解放するために、朝も真昼も夕方もない、或る無時間の世界へ漂い出た」（前掲「日本文学小史」）。

『栄花物語』は退屈か？

同時代の証言を赤染衛門の『栄花物語』（栄華とも書く）と比較してみよう。

『栄花物語』は二百年のスパンで描く歴史もので前編と後編に分かれ、とくに宇多《うだ》天皇から堀河朝の寛治六年（１０９２）まで天皇十五代という長い時間帯を叙述しているが、藤原道長の死までが正編で、女流作家の赤染衛門が書いたというのが定説である。

女性が書いた所為《せい》か、歴史書としての『栄花物語』は後世の『大鏡』の批判力には及ばない。もっぱら藤原北家（道長の系列）の後宮統治に重心を置く。構成は源氏物語風で、「月の宴」の巻は宇多天皇から始まる。宇多天皇は菅原道真のよき理解者だった。「みはてぬ夢」で道長が実権を握り、「浦々の別れ」では道長との政権争いに敗れた伊周《これちか》が大宰府に左遷される経過を辿る。

道長の全盛は「かがやく藤壺」の巻にあり、道長の長女彰子が一条天皇の中宮となる。「鳥辺野」では姉の詮子が崩御し、「はつ花」で中宮彰子の皇子出産、この巻には『紫式部日記』の引用がある。次に「いわかげ」の巻で一条天皇の崩御。「日蔭のかつら」で三条天皇の即位。「つぼみ花」で禎子内親王の誕生。「玉のむら菊」で後一条天皇の即位。「ゆふしで」で敦明《あつあきら》親王の皇太子辞退と道長の介入。「浅緑」では道長の娘・威子が後一条天皇の中宮となり一家から三人の后が並びたつ。

このときが道長政権の絶頂期、しかし「この世をば」の歌が詠まれたとされる宴会の場面は『栄花物語』でも言及がない。

「うたがひ」で道長が出家し、法成寺を造営。「もとの雫《しずく》」で法成寺落慶供養。道長の栄華を極める。「音楽」では法成寺金堂供養の様子。「玉の台」では法成寺に諸堂が建立され、参詣の尼たちが極楽浄土と称えた。

「御裳着《おんもぎ》」で三条天皇皇女禎子内親王の裳着式。「御賀」で道長の妻・倫子還暦の賀（長寿の祝い）。「後くゐの大将」で道長の子、内大臣教通が妻を亡くして悲嘆する。「とりのまひ」で薬師堂の仏像開眼の様子。

「こまくらべの行幸」では関白頼通の屋敷で競馬が行われ、天皇も行幸した。「わかばえ」では頼通が初めての男子（通房）の誕生を喜ぶ。道長の孫である。「みねの月」では道長の娘・寛子《かんし》が亡くなったこと。「楚王《そおう》の夢」で嬉子《きし》も皇子（後の後冷泉天皇）の産後の肥立が悪く早世、道長夫妻は悲嘆にくれる。「ころもの玉」は彰子の出家。「わかみづ」は中宮威子の出産。「玉のかざり」で皇太后妍子《けんし》の崩御。「鶴の林」道長が六十二歳で大往生とある。後編は、道長の子どもたちの栄華が綴られている。

『大鏡』は『栄花物語』を活かした歴史語りで、道長を「幸ひ人」（特別な幸運に恵まれた人）と書いた。

「世になきことなり、大臣の御女《むすめ》三人、后《きさき》にてさし並べたてまつりたまふこと。この入道（道長）殿下の御一門《ひとつかど》よりこそ、太皇太后宮・皇太后宮・中宮・三所《みところい》出でおはしましたれば、まことに　希有希有の御幸ひなり」

道長の長女彰子が一条天皇の後宮に入内したとき（長保元年十一月一日）、『栄花物語』に拠れば「お供の女房が四十人、女童が六人、下仕が六人」だった。総勢五十二名が押し寄せたことになる。財力が想定できるだろう。

寛仁二年（１０１８）二月に威子《いし》が入内の折も、女房四十名、女童六名、下仕同数だったと『栄花物語』は言う。

「『栄花物語』では、文学的な興趣によって感覚的に歴史を把握しており、個々の歴史事象の背後に潜む歴史の真実を描くよりも、事件をめぐって生起する人々の心情や人の世の哀感を、事実を主観的に潤色したり、虚構を用いたり、さらには、『源氏物語』の文章を模倣するなどして描いていて、作り物語的性格が濃厚であり、冷徹な目で人間を直視し、その内面へ踏み込んで描く態度が希薄である。しかし、歴史物語の嚆矢《こうし》として、新しい領域を開拓した意義は大きい」(『日本大百科全書』)

『枕草子』は平安貴族の実態を描く

同時代の女流作家、清少納言は『枕草子』を著し、人生でも文学でも紫式部のライバルとなった。

清少納言が女御として七年間仕えたのは、一条天皇の中宮・定子《ていし》(藤原道隆の娘)だった。清少納言は教養深く『古今集』を諳《そら》んじたばかりか漢詩の素養もあり、定子のもとにつどう貴族らのサロンで話題をこなせた。定子の和歌は前章でみた。

定子の父親は道長と兄弟だが、道長の甥にあたる伊周《これちか》は失脚した。花山上皇に弓を射かけた事件に関与したことも述べた。

『枕草子』は随筆集であり、各テーマ毎に要領よく短く綴られている。とくに宮廷内の形式、当時の衣装、庭の風景、草花の詳細な描写、四季の移り変わりなどは名文である。

藤原道隆の死後、定子は落魄《らくはく》した。つまり権力状況が変化して清少納言が仕えた隆家系に替わって、道長系がどんどん出世してゆくのだから、その道長の長女に仕えた紫式部に嫉妬するのは当然であろう。

一条天皇の後宮では道長の娘の彰子のほうに重点が移る。この彰子に仕えていたのが紫式部、だから二人は文化サロンで火花を散らすライバルとなる。

『枕草子』で注目箇所は幾つかあるが、除目《じもく》＝人事異動の喜怒哀楽にともなう悲喜劇が目を引く。現代風に言えば、銀座や大阪の北新地、福岡は中洲、札幌ならすすきのの一流クラブで日本経済新聞の人事欄が話題となるようなもの。

「除目に司得ぬ人の家。今年は必ず、と聞きて、はやうありし者どものほかほかなりつる。田舎だちたる所に住む者どもなど、皆集り来て、出で入る車の轅《ながえ》も隙《ひま》なく見え、もの詣でする供に我も我もと参り仕うまつり、物食ひ酒飲み、ののしりあへるに、果つる暁まで門たたく音もせず、「あやしう」など、耳立てて聞けば、前駆《さき》追ふ声々などして上達部《かんだちめ》など皆出で給ひぬ。もの聞きに宵より寒がりわななきをりける下衆男、いともの憂げに歩み来るを、居《を》る者どもは、え問ひにだに問はず、外《ほか》より来たる者などぞ、『殿は、何にかならせ給ひたる』など問ふに、答《いら》へには『某《なに》の前司《ぜんじ》にこそは』などぞ、必ず答《いら》ふる。まことに頼みける者は、いと嘆かしと思へり」(『枕草子』、角川文庫)

人事異動で出世組には門前列をなし、左遷組には訪れる人もなしという人情の浮き世は今も昔も変わらない。

当時の男女関係と結婚、不倫などの風俗についても情緒深く清少納言は書いている。男が女性の元へ通うのが常識で、人に見られない昧爽《まいそう》(あけがた)にそっと帰るのだ。そういう通い先が何軒かあり、また女性のほうも複数の通い男を受け入れる風習があった。風紀紊乱《びんらん》という社会通念は儒教の世界であって平安時代に同様な倫理観も罪悪感もない。

「暁のありさまこそ、をかしうもあるべけれ。わりなくしぶしぶに、起きがたげなるを、強ひてそそのかし、『明け過ぎぬ。あな見苦し』など言はれて、うち嘆く気色も、げに飽かずもの憂くもあらむかし、と見ゆ。指貫《さしぬき》なども、居ながら着もやらず、まづさし寄りて、夜言ひつることの名残、女の耳に言ひ入れて、なにわざすともなきやうなれど、帯など結ふやうなり。格子押し上げ、妻戸ある所は、やがてもろともに率《ゐ》て行きて、昼のほどのおぼつかなからむことなども言ひ出でにすべり出でなむは、見送られて、名残もをかしかりなむ」

この場面の現代日本語の〝超訳〟がある。鴻巣友季子の対談集『翻訳、一期一会』（左右社）に拠れば、現代感覚ではこうなる。

「いま付き合っている女がいるのに、元カノを褒めちぎる歌ばかり詠む男っていない？　あと、扉を開けっ放しで行っちゃう人って、マジで耐えられない。いま考えると気が狂いそうだから、あした考えよっと」

男たちの寝物語や約束の大言壮語、帰り際の要領の悪さ、慌てようなどをサロンの耳年増として聞き及んだのか、実際、清少納言も体験したことなのか、それにしてもある朝帰りの場面など光源氏が女の元へ通う光景を連想させる。

清少納言の父も祖父も和歌詠みで素養高い教養人だった。

ところが夫・橘則光《のりみつ》は文学にまったく理解がなく和歌の風流をしらぬ無骨者だった。清少納言とは子をなしたが、結婚生活はながつづきしなかった。則光は遠江《とおとうみ》次官として赴任し、それっきりになったらしい。その後、定子の急逝があり、宮仕えをやめた清少納言は摂津守の藤原棟世と再婚し、娘を産んだという。

『枕草子』の魅力は平安貴族の日常、年中行事の風景やきらびやかな儀式の衣装などを色彩が想像できるように生き生きとした筆致で描き出したことで、『源氏物語』の背景を二重に補完したとも言える。しかしながら編年体の記録ではないので歴史学者は重視しない。

紫式部は『紫式部日記』のなかで、ライバル清少納言を評して曰く、

「清少納言は得意気に偉そうに利口ぶって漢字を書き散らすが、生半可でいやな感じだ。風流ぶっているが軽薄な感じがある」云々。

清少納言が社会的に落魄したのは夫の出世が遅れたこともさりながら、仕えた定子が早世し、藤原道長の娘が中宮として世継ぎを産んだからで、力のバランス、つまり権力状況が激変したことによる。そのうえ定子の父道隆が急死し環境がさらに変化した。その弟の道綱の母が綴ったのが道長の前史とも言える『蜻蛉日記』である。この系列に『更級日記』が流れ込んでくる。

恋多き多情のおんな和泉式部

破天荒とも言える大恋愛小説を残した女流作家、和泉式部はどうか？

『和泉式部日記』は日記というより『和泉式部物語』である。すなわち自らの恋の遍歴を綴ったもので実在した親王二人（敦道《あつみち》親王と為尊《ためたか》親王）が明らかなモデルとされ、平安貴族たちの実態、その内部事情を知ることができる貴重な歌読み物である。

和泉式部は恋多き女の代名詞とされるが、歌は秀逸である。凄味が深いのだ。父は大江雅致《まさむね》、母は平保衡女《やすひらのむすめ》。父は木工頭《もくのかみ》から越前守となった。父の決めた女婿は橘道貞《みちさだ》だった。良縁とされ、娘を出産した（小式部内侍）。その後、夫は和泉国へ赴任し別の女を伴ったため夫婦仲は冷めていた。

長保三年（1001）に為尊《ためたか》親王との仲が取りざたされた。翌年、親王はあっけなくみまかった。

寂寥のなか、気分を晴らすために他の男達と逢瀬を重ねた。噂に昇ったのは源雅道（少将）、源道済、藤原道綱など、和泉式部の身体を風のごとく通り過ぎていった。

敦道《あつみち》親王（冷泉四子）との出会いは長保五年（1003）、一条天皇の御代であり、忽《たちま》ち恋仲となった。和泉式部はよほどの美貌に恵まれていたらしい。

日記の冒頭に為尊親王（冷泉三子）の法要のため山寺へ詣でていたりした。同母弟の敦道親王と挨拶を交わすようになり、宮は橘の一枝に謎をかけたので「昔の人」と喩《たと》えた。

「薫る香によそふるよりはほとときす
　　聞かばや同じ声やしたると」

すると、宮は返歌を贈り、

「同じ枝になきつつをりしホトトギス
　　声は変はらぬものと知らずや」

彼女の恋歌はじつに67首が『後拾遺和歌集』に入集されている。国司（受領）の妻の身分でありながら（夫とは事実上別居中だったが）、あろうことか親王殿下に思われ、その官邸に迎えられた。周囲の嫉妬を生まぬはずがない。

浮き名を流す女流作家と親王殿下が、これみよがしに手を組んで銀座を闊歩するようなものだろう。

『和泉式部日記』は物語であり、敦道親王の早世直後に書かれたか、あるいは一年後に道長の推挽《すいばん》で彰子に出仕するようになってからの執筆だったかは国文学者らの意見が分かれる。その文章、挿入の和歌から判断すれば、愛人を喪くした悲しみと無常である。

「冥《くら》きより冥き道にぞ入りぬべき　はるかに照らせ山の端《は》の月」（『拾遺和歌集』）

二人の親王に愛され、また愛してしまった灼熱の日々はいとおしく、和泉式部にとってその思いは抑えがたく無常であると回顧した悔恨の響きがある。和歌には凄惨とも言える凄みがある。

幾つかを拾遺和歌集や帥宮《そちのみや》挽歌群などから拾うと、

「黒髪の乱れも知らずうち臥せば
　まづかきやりし人ぞ恋しき」

「物おもへば沢の蛍も我が身より
　あくがれ出づる魂かとぞみる」

「打ち返し思へば悲し煙にも

　　　　たちおくれたる天の羽衣」

「亡き人の来る夜と聞けど君もなし
　　　　我が住む里や魂なきの里」

「天照らす神も心あるものならば
　　　　物思ふ春は雨な降らせそ」

「飽かざりし昔の事を書きつくる
　　　　硯の水はなみだなりけり」

「今もなほ尽きせぬ物は涙かな
　　　　蓮《はちす》の露になしはすれども」

「夕暮はいかなる時ぞ目に見えぬ

風の音さへあはれなるかな」

「あらざらむこの世の外の思ひ出に
　今ひとたびの逢ふこともがな」

このような自由奔放な、あたかもウーマンリブの先駆けとでも言える存在が、和泉式部であり、道長の文化繚乱の時代の実相を物語るのである。

和泉式部の現代版は誰かと連想を逞しくしたが、いる、いる。与謝野晶子、岡本かの子、宇野千代、瀬戸内寂聴と、いずれも熱情的な恋を展開し世間からは多情、不倫、淫行などと誹《そし》られながらも、猪突猛進の直進タイプ、彼女らの心は無垢に近い。計算がない。向こう見ずに突っ走るのである。

『更級日記』の作者は「夢見る夢子」

もうひとり、物語の天才女流作家が出現した。

菅原孝標女《たかすえのむすめ》として知られる『更級日記』の作者の本名は不明、百七十年後に藤原定家が再評価して現代に伝わる稀有の文学だ。

藤原定家の大胆雄渾《ゆうこん》な書体で書写された『更級日記』が底本となった。そんなことを言えば、『古事記』とて写本が出回るのも稀で千年後に本居宣長が再評価するまで埋もれていた。宣長の入手した写本とて十三世紀に書写されたもので原本ではない。

藤原定家は道長の五代孫にあたり位階は中納言、『明月記』の作者だが、『新古今和歌集』の選者であり、『小倉百人一首』の編者でもある天才歌人である。

その藤原定家が『更級日記』の文学的価値を後世に再発見するというのも奇遇である。定家は西行、慈円と同時代人で、わけても慈円とは親密な交友でしられた。

定家の写本は法華経、阿弥陀経から古今集、伊勢物語、土佐日記など百を超え、なかでも源氏物語は何冊もの写本をつくり貴族らに貸与した。定家の日記である『明月記』には、『更級日記』写本を寛喜二年六月に田島前司から借りて書写し家長に貸与した旨が記されている。誤字脱字不明字の多いことを嘆いた。

彼女の父である菅原孝標は菅原道真の嫡流第五代、母は藤原倫寧《ともやす》の娘で『蜻蛉日記』で知られる道綱母は異母姉、申し分のなき文学の血脈のなかで育った。

長保二年（１０００）に父は蔵人の地位にあった。しかし世渡りが下手なのか、その後の出世は遅れ、上総介《かずさのすけ》、常陸介《ひたちのすけ》として地方へ飛ばされるばかりだった。上総に妻がついて行かず継母と兄と姉妹が任地で暮らした。『更級日記』で孝標は弱気な父親として描かれた。また継母や姉から何度も聞されていた『源氏物語』を読みたいと念じていた。「夢見る夢子さん」であり、彼女はじつによく夢を見た。それもお釈迦様や阿弥陀如来と会ったりの、途方もない夢だった。継母、つまり孝標の権妻は高階成行の娘で教養があり、漢詩の才もあって大きな文学的影響を与えた（帰京後に孝標とは離別）。姉も文学好きで、兄の定義は大学頭、文章博士となった。まさに道真の六代目らしい学者である。

このような文学環境にあれば早熟でもあり、感受性と想像力は豊かになる。彼女が『浜松中納言物語』や『夜半《よわ》の目覚』の作者と擬せられるのは描写と文体が似ており、輪廻転生を信じたあたりも認識がそっくりだからだろう。ちなみに三島由紀夫の『豊饒の海』が『浜松中納言物語』に強い影響を受けていることは多くの国文学者が論証している。

菅原孝標女が実際に『源氏物語』を手にして読んだのは父とともに京へ戻った十四歳のときで夢中で読みふけり自らも文章を綴り始めた。そして光源氏のような男性に巡り会いたいと念じていたことは『更級日記』の次の箇所にある。

「多くの年月を、いたづらに臥し起きしに、行ひをも物詣でをもせざりけむ。このあらましごととても、思ひしことどもは、この世にあんべかりけることどもなりや。光源氏ばかりの人はこの世におはしけりやは」
（ながらく無為な日々、仕事も名刹参詣もせず、将来の夢だった結婚も、夢見てきたことは成就せず理想の光源氏なる人物は存在したのだろうか）

孝標女は三十三歳で橘俊道《としみち》と結婚したが、高い期待を抱いておらず、また赴任地の下野には同道せず、京に残って祐子《ゆうし》内親王家に折々に出仕していた。中途半端な出仕も夢をみる毎夜の連想のほうが愉しかったのかも。
天喜《てんぎ》五年（１０５７）に夫は信濃守となるが翌年に死亡、その寂しさを契機に『更級日記』の執筆が開始された。孝標女にあって理想の男性は光源氏であり、現実の夫とは距離がありすぎて夫婦仲はすきま風が吹いていたのではないか。

ただし夫の不在中に出仕したおり、源資通《すけみち》と知り合った。大いに語らい、おそらく孝標女にとって資通が相思相愛の「思い人」となったのだろう。

源資通は後一条朝で従五位下・侍従に叙任後、後冷泉朝で大宰大弐。最終官位は参議従二位勘解由《かげゆ》長官だった。管弦に秀で、歌人としても知られた。

孝標女の夫が帰京し、長男が誕生して以後十年間は家庭の主婦に徹した。

更級と言えば蕎麦を連想しがちだが、題名は老残の寂寥を表徴するような、『古今集』にある「我が心　慰めかねつ更級や　姨捨山に照る月をみて」から取って宗教心と諦念と慨嘆の情緒が溢れている。

孝標女が五十二歳のときに源資通の訃報が届いた。以後、彼女の消息はなく墓所も不明である。

道長、その才色を悦び、これを私せんと欲す。(紫)式部、拒みて従わず

このように百花繚乱の平安期の文学は和歌と女流作家の輩出によって実現した。文化サ

ロンを主宰し奨励したのは藤原道長である。

頼山陽は『日本政記』のなかで、文学状況と華やかな人脈を次のように活写した。

「后の侍女に、清少納言あり、中宮の侍女に、紫式部・和泉式部あり、並びに才名あり。少納言は清原元輔の女なり。和泉式部は大江雅致の女なり。淫行多し。紫式部は越前守藤原為時の女なり。右衛門佐藤原宣孝に嫁し、一女を生みて寡す。文を著はして自ら娯しむ。中宮、文詞を好み、召して師となす。道長、その才色を悦び、これを私せんと欲す。式部、拒みて従はず」（岩波『日本思想大系』）

道長は女郎花を介在させて歌を詠み、式部は返歌で女郎花を別の意味に喩えた。つまり、頼山陽がいう「拒んだ」とする情景ではない。紫式部の父親が淡路守に任命されたおり、道長は不満を聞いて越前守に任地を換えてやった。これも紫式部への愛情表現の一種と取れなくはないだろう。

紫式部が道長の愛妾だったとしたのは『尊卑分脈』で、次の『紫式部日記』からの推測である。

「渡殿に寝たる夜、戸を叩く人ありと聞けど、おそろしさに、音もせで明かしたるつとめて、

夜もすがら水鶏《くひな》よりけになくなくぞ真木の戸口に叩きわびつる

返し、

ただならじとばかり叩く水鶏ゆゑ開けてはいかにくやしからまし」

（紫式部が寝ていると戸を叩く音に目覚め、声をひそめて夜明けをまった。道長から歌が届き、水鶏《くいな》のように一晩戸をたたきあぐねた云々というので、返歌を認《したた》めた。束の間の出来心でしょう。戸をあけたらどうなっていたでしょうか）

なるほど両方に解釈できて、何事もなかったように紫式部は作文したため頼山陽は拒んだとし、『尊卑分脈』はカムフラージュ、二人は愛人関係にあったことを悟られまいとした日記だとして、「御堂関白道長妾」と明記した。きらびやかで華麗な、いや華麗すぎる藤原道長像は、こうした遺文や日記、物語などが輻輳《ふくそう》してできあがった。

かくして道長時代の文化状況は爛熟、百花繚乱を極めた。

第三章

疫病、天災、騒乱が続いた宗教の時代
通貨発行の経済政策は近代的だった

通貨による商品交換はあまり行われていなかった時代

新井白石は古代から近世までの天皇政治を豁然《かつぜん》と九つの時代に区分した。すなわち第五十六代の清和天皇が幼少だったので外祖父の藤原良房が摂政として政治を代行したのが第一の変化。天皇の外戚《がいせき》が権力を掌握した。

第二の変化とは藤原氏が政治を壟断《ろうだん》した時代。

そして第三の変化は「六十三代の冷泉から円融、花山、一条、三条、後一条、後朱雀、後冷泉の八代百三年間というものは外戚藤原氏が権力をほしいままにした」（新井白石『読史余論《とくしよろん》』、横井清・現代語訳。講談社学術文庫）。

まさに道長はこの「第三の変化」の時期にあたる。ちなみに続きは、（四）後三条の摂関家牽制、（五）院政、（六）鎌倉殿、（七）北条氏九代、陪臣の身で国政掌握、（八）後醍醐天皇の建武の新政、（九）南北朝分立と室町幕府となる。

いずれにしても権力状況としての政権はシナのような独裁ではなかった。

藤原道長の絶頂時代、いったい経済はどのように運営されていたのか？

本章は政治と文化から視点を経済に移す。物々交換で社会経済が成り立っていた時代に、貨幣の概念を人々がしっかりと理解していたとは思えない。

藤原道長の時代は、都の建設にせよ、寺院の建立にせよ、通貨による支払いはすくなく、公家や豪族が競って提供した石材、木材、家具そして労働奉仕だった。価値は肉体労働で交換された。これが当時の税金だった。

地方からの納税は物品であり、王朝が決めた相場、換算率があった。遠隔地の国司などは平安京までの輸送が最大の問題だった。

ちなみに飛鳥時代の甘樫丘《あまかしのおか》跡地は最近の発掘調査で大化改新以後に大規模な建築があったことが分かった。甘樫には宮殿の規模を上回る蘇我蝦夷《えみし》、入鹿《いるか》の大邸宅があったが、蘇我氏滅亡の後は大和朝廷が掌握し、建物跡や石列が出土した。一帯は倉庫群だった可能性があると明日香村教育委員会は説明している。倉庫群の存在は七世紀から経済活動が機能していたことになる。

平城京を造営する時代には従来の古墳造成における強制動員以外に地盤整備や土木工事

に必要な森林の伐採、石材の切り出しと石引、運搬、建材の購入、宮大工の動員など労働力の対価の一部に通貨が充《あ》てられた。

基本的には各地の受領《ずりょう》（国司）たちが「納税義務」として住民に賦役を強制するスキームがあった。宮廷からの見返りは位階上昇の判定を誰がするかによる。受領にとっては次の出世のための期待が熱意の基底にあった。したがって奉仕に競争状態がもたらされた。権力者への媚びである。

古代建築は木造だから火事、地震、台風などに弱い。御所ですらたびたび失火している。道長邸（土御門第）が火事に見舞われて灰燼《かいじん》に帰したとき、公家たちが見舞いに駆けつけ各地の受領が特産品を持参し、土御門第の再建は受領たちが競争して分担し、資材と労働力を請け負った。この発想は秀吉、家康の時代に引き継がれる。

「寝殿は播磨と備前、東の対は尾張、回廊は伊勢、庭園は丹波といった具合に……。もちろん無料奉仕で、彼らはここぞとばかりに頑張った。それもこれも道長の覚えを良くして、次の除目《じもく》で少しでも良い国の受領に任じてもらうためだった。（中略）淡路守に決まっていた紫式部の父の藤原為時が、一条天皇に不満を漏らし、道長の計ら

いで越前守に替わった」（朧谷寿『藤原氏の千年』、講談社）

土御門第は京都御苑の東側、いまは芝生だけの更地になっている。当時の全体を連想できるのは宇治の源氏物語ミュージアムに展示されている模型、あるいは千葉県佐倉市の国立歴史民族博物館にある東三条邸の模型などだ。まさに御所に匹敵する広大な書院づくりだ。現代の貨幣価値に置き換えると、土地代をのぞいて工費はおそらく数十億円前後だろう。池のある庭園も造成したのだから。

池をしつらえ舟を浮かべた。規模から言えば偕楽園や兼六園には及ばぬまでも、あるいは柳沢吉保が造った六義園か、規模がもっと小さかったとすれば肥後細川庭園（東京都文京区目白台）だろうか。後者は私の散歩コースのひとつなので時折、入園するがじつに見事な庭園である。

四季を交互に象徴する木々、春には若葉、秋には紅葉と植物が緩やかな石階段やちょっと小高い丘の細道、池は木々の影を落とし、調和の美しさがある。

大規模な都市づくりとは近代的な資本主義の萌芽といえなくもないが、それまでは麻や銅塊、砂金、コメあるいは地方の特産物が上納され、それらは通貨に代替して使われたので朝廷の財政を支えた。

御蔵《みくら》（屯倉《みやけ》）は武器保管庫という機能に加え、このような品々を通貨がわりに備蓄したのである。貨幣万能というのは現代史では常識だが、第二次大戦前後までは物々交換が経済行為の主たる手段であった。


戦前、満州からモンゴル、ウイグルにかけて防共回廊をつくろうとし、東条英機の密命を受けた西川一三《かずみ》は諜報員として大陸の奥深くまで潜入した。ラマ教の蒙古人巡礼僧になりすまし、内蒙古から寧夏省を踏破、チベットへ達した。

西川はインドへ潜入したおりに日本人と見破られた。帰国後、現地情報の報告に行くと、戦後日本の外務省は西川を変人扱いするだけだった。

西川が必要としたモノは貨幣ではなく家畜の糞を燃料にし、ツァンバを食し、仏心に係る施しものと単純作業の提供なども含めた「交換行為」によってなされた。

この西川をモデルとしたノンフィクションに関岡英之の『帝国陸軍 見果てぬ「防共回廊」』（祥伝社）と沢木耕太郎の『天路の旅人』（新潮社）がある。

和同開珎は唐との貿易でも使われた

柄谷行人は世界史に起きた三つの「交換様式」を語り、A＝互酬（部族社会などでの贈与と返礼）、B＝従属的（階級社会での略奪と再配分）、C＝資本制社会（貨幣と商品）を構造論的に分類し、これからの世界は国連の理想型のような世界政府的システムが望ましいとするDを提示する。

柄谷の結論は夢想に近いと思えるが、この区分けで言えば藤原道長の時代はAB混淆の経済社会だったことになる。柄谷行人の哲学論考では資本主義は必然的だと信じる新自由主義の考えと、それに対抗できるのは国家主義とナショナリズムとする従来の左右の発想を超越した新しい共同体を追求している。交換様式を再考し、搾取や略奪ではなく、互酬性が世界的に組織される可能性を論じており、これが現代日本に流行する、地に足をつけない抽象的な議論だ。

閑話休題。天武天皇が発企した「和同開珎」が本邦初のコインと考えられてきたが、近年の研究によって和同開珎以前に無紋銀銭、富本銭《ふほんせん》が使われていたことが分かった。

和同開珎は秩父で銅山が発見されたことにも拠るが、無紋銀銭などを溶かし改鋳した。八世紀、聖武天皇の御代の紫香楽宮《しがらきのみや》跡から大規模な発掘調査で鋳造所の存在が分かっている。

現在の中国陝西省・西安が長安と呼ばれていた時代に十数回、遣唐使が赴いた。藤原宇《う》合《まかい》も遣唐大使となった。藤原清河《きよかわ》は阿倍仲麻呂とともに帰国船がベトナムまで流されて長安へ戻り、ついには唐土に没した。空海も最澄も長安に学んだ。二回遣唐使に加わって帰国後、藤原仲麻呂の乱を鎮圧した吉備真備も長安に合計二十年を暮らした。

その西安で1970年に古代王宮跡などの遺跡から和同開珎が出土した。これは驚きである。日唐貿易でも広く使われていた事実の証明となった。

天智天皇が近江京を造営したおり、富本銭が代価として使われた。この富本銭が日本初のコインで、そのサイズを唐の開元通宝にならって直径が二・五センチ、真ん中に四角に切り抜いた孔があって「円形方孔」型と呼ばれた。

これらの通貨の実物は日本銀行の貨幣博物館で展示されている。和同開珎を発企したのは天武天皇だった。流通し始めたのはそれ以後だが、持統天皇の藤原京、桓武天皇の平安

左から富本銭、和同開珎、万年通宝

京造営には夥《おびただ》しい和同開珎などが労働力の支払いの一部に使用された。

「政府事業への物資や労働力の提供に対して朝廷は銭を渡し、納税や位階・官職の対価として銭を受け取ることで朝廷は債務を弁済するという、政府の負債から始まる回路が銭の価値を保証する。銭の素材価値が保証するわけでは必ずしもない。このことから、和同開珎は政府の債務証書である、といえる」（高木久史『通貨の日本史』、中央公論新社）

朝廷は通貨発行により発行益（セニョリージ）を得た。このため私造を律令で禁止し、通貨発行業務を大和朝廷が独占しようとしたがやがて流通が鈍った。

『続日本紀』に次のような表現がされている。

「天平宝字四年三月十六日（淳仁）天皇は次のように勅した。
銭を流通・使用させてからすでに久しい。公私にわたって必要かつ便利なことこれ以上のものはない。しかしながらこの頃偽造が多くなり、贋金が全体の半分にも及んでいる。急に禁断すれば混乱がおこる恐れがある。そこで新しい様式のものを作り、旧銭と共に併用させたい。民に損がなく国に益があるように願うのである。その新銭の文字は『万年通宝』とし、一枚で旧銭（和銅開珎）の十枚に相当させる。また銀銭の文字は『大平元宝』とし、一枚で新銭の十枚に相当させる。金銭の文字は『開基勝宝』とし、一枚で銀銭の十倍に相当させる」（宇治谷孟訳『続日本紀』中巻）

ここで留意すべきは大和朝廷に経済に明るい知恵者がいてセニョリージの発想を根拠にしていることだ。遣唐使の情報を基盤として藤原仲麻呂が考えたようである。わかりやすく言えば現行一万円札の製造コストは25円だから9975円が政府日銀の発行益となる。

それを試みたが、原料の産出が少なく鋳造方法が未熟だったために失敗した。偽金が流行し、鋳造が簡単だったため多くの偽造がおこなわれていた。銀銭と金銭を作ったが流通地域に限界がみえた。そして廉価な宋銭にとって替わられた。

まさに「悪貨は良貨を駆逐する」。

通貨の視点から藤原レジームにおける経済活動を見るとどうなるか。

藤原四兄弟が排除した長屋王の邸宅跡から十万本もの木簡が出土し古代学者や歴史家を驚かせた。その後、木簡の分析が進んで越前、越後など遠くからの納税には織物などに加えて地域の特産品が夥しく含まれていたことが判明した。「ふるさと納税」の原型である。

平城京時代のピークでも地方に和同開珎は流通しておらず、物納が主体だった。藤原四兄弟によって自害に追い込まれた長屋王の邸宅は集配と分配センターであり、この御蔵を抑えていたことが政治力のバロメーターを示すのである。

その藤原四兄弟が疫病で死に、その後、藤原仲麻呂が反乱に失敗して斬となって藤原南家は滅びたが、仲麻呂には経営の才覚もあって760年に万年通宝、開基勝宝（金）、大平元宝（銀）の三種の通貨を発行している。

なぜ発行したかの理由は流通通貨の半分が偽造、模造品だったからだ。

和同開珎の通貨価値が激減したため万年通宝は和同開珎の10倍の価値を与え、膨大な発行益を得た。これで平城京建設工事費用と軍事費を調達したが、やはり偽造通貨が出回って構想は潰えた。以後、物資の往来が増え、飢饉、伝染病などの蔓延でしばしば通貨の改鋳あるいは新通貨が発行され、交換比率変更という、いささか詐術的な方法で西大寺建設、長岡京への移転費用などを補ったことになる。

事実上最後の遣唐使は838年に出帆したが、それ以後、公的な外交はなくとも私的な貿易はむしろ博多を中心に拡大していた。対外戦争がなくなり、国内が落ち着くと朝廷は通貨発行益を希求しなくなった。

過去の経験から新しい通貨は旧銭との混合態勢になった。当時は「両替商」(今日の為替ディーラー)も未発達だった。くわえて国内銅鉱山の生産が衰えたため十世紀には皇朝銭は発行されなくなった。麻、コメ、絹などが通貨に代替された。

しかし通貨発行益はなくとも、藤原北家はますます影響力を強めて太政大臣を輩出させ道長時代を迎える。

道長の時代、通貨は都市圏を除いてほとんど使われていないのである。

907年に延喜通宝、958年に乾元大宝で「皇朝十二銭」の発行は終わり、963年に新銭発行が計画されるも実現しなかった。銭を発行するとすぐに贋金が出現し、発行益が上がらない以上、物納で充分という考えに変わる。対外戦争がなかったからで、967年の延喜式（律令の施行細則）により銭の使用を義務づけてはいるが、実際に十世紀から十一世紀にかけて、すなわち道長の時代の日本の経済生活は銭に換算した物納が主だったのである。

幾多の史書には宴や邸宅建築、火災、寺々での行事、歌会のことが出てくるが、どれひとつとして経済システムを論じていない。『御堂関白記』にも『小右記』にも通貨に関する記述は極小である。

換言すれば通貨鋳造、貿易決済などはメカニズムとしてすでに確定されていたわけで、納税がコメ、織物、特産品のほか貨幣でも行われていたのである。

また宮廷の建築にはみやこ人等が官職の昇任を求めて上納額に応じた位階を与えるというシステムが道長の時代に確立されていた。だからこそ道長は某某から牛何頭、某某から馬何頭と備忘録に書き残したのである。

官位も五位程度（外五位下）まではカネ（物納）で買えた。

『続日本紀』に次のような類似記事が随所に散見される。

某が銭百万文で従五位を貰ったとかの記述が続き、たとえば、神護景雲元年二月二十日伊予国越智郡の大領・外正七位下の越智勅飛鳥麻呂が、足絹二百三十疋、銭千二百貫を献上した。それで外従五位下を授けた。

四月十四日、伊勢国多紀郡の人で従七位下の敢忍国《あえのおしくに》は銭百万文・絹五百疋、稲一万束を献上した。そこで外正五位下を授けた。

五月二十日、左京の人で、従八位上の荒木臣道麻呂と、その息子で無位の忍国は、墾田百町・稲一万二千五百束・荘三か所を献上したので外従五位下を。近江の人で外正七位上の大伴村主人主が稲一万束、墾田十町を西大寺に献上したので外従五位下を授ける。

尾張国海部郡の主政外正八位下の刑部国足は国分寺にコメ千石を献上したので外従五位下を授与した……。

このような事例は枚挙すると際限がない。要するに外従五位下は金で買えたということである。四位以上は昇殿が許されるから天皇との距離と権力者への貢ぎ物、その力関係で昇進か左遷かの岐路となる。

しかし正一位は金では買えない。権力そのもののトップだからである。生前に正一位受勲は藤原宮子、不比等、橘諸兄、武智麻呂ら六名しかいない（『尊卑分脈』）。『続日本紀』には藤原仲麻呂も正一位上を授かったと書かれているが不確かである。

死後すぐに正一位上を追補されたのは徳川家康、秀忠、家光以下の歴代将軍。三条実美、岩倉具視らがいるが、明治後期になるとナショナリズムを鼓吹するためにも数百年前の人物に正一位が数多く追贈され、菅原道真、和気清麻呂、北畠親房、楠正成、新田義貞、足利尊氏・義満。そして織田信長、豊臣秀吉、毛利元就、島津斉彬らにも、いかにもついでにという感じで追加された。

もとより正一位は例外的なもので現代日本の大勲位に匹敵するのが従一位である。太政大臣関白経験者に贈られ、藤原兼家、道長、頼通の三代は従一位ではあるものの正一位になっていない。

そして仏教は堕落し、腐敗した

日本のまつりごとは仏教に席巻された。

仏教、イスラムに造詣が深かった大川周明が次のように纏《まと》めている。

「奈良時代には実に仏教が政弊の禍根となった。それは皇室並びに貴族が、過度に仏教を尊崇せるが故である。仏寺仏像建立のために夥しき国帑《こくど》が費された。皇室の帰依に伴いて僧侶の地位が俄然として高まり、ついには政治界に当時の貴族階級と拮抗する勢力を樹立した」(大川周明『日本二千六百年史』、毎日ワンズ)

僧侶は武装していた。寺の私軍としても存在し貴族を脅かしていたのである。

桓武天皇は仏教徒の僭越、その越権を戒める勅をだされたように当時の仏教は腐敗し堕落しはじめていた。この僧侶等の横暴にたえかねて桓武天皇は仏教から政治を取り戻すために平安京に遷都する。

桓武天皇の政治刷新には賛否両論がある。

日本人の知識人には抜きがたいシナ文化、文明への憧憬が強く残存し、漢詩を競う風潮は続いた。留学帰りが知識人と見なされ、王朝が滅びているにもかかわらず李白、杜甫、白楽天、王維らが詠んだ漢詩をすらすらと暗記し漢字の語彙を模倣した。

やがて菅原道真の建言で遣唐使が廃止され、日本独特の和歌や日記文学が流行り女流作家が輩出したように国風文化の興隆があった。

大川周明が前掲書において批判を続けた。

「吾国の天神地祇は、民族の遠祖なる『あまつかみ』及び『くにつかみ』を、唯だシナの文字を藉りて書き表わせるに過ぎず、シナの神祇とは全くその意義内容を異にするに拘らず、平安朝学者はこの明白なる事実に気付かずして、吾国の神々のことまでもシナの古典に拠って解釈せんとした」（同前掲）

平安時代の政治実権は天皇から貴族の手になるようになって、藤原鎌足の子孫たち（道長を含む）の勢いは皇室を凌駕した。

「政府の栄官は悉く藤氏一門の独占するところとなり、以前は天皇親政の国家たりし日本が、いまや実質に於て貴族政治の国となった（中略）。京都は、文化の中心であったが、政治の中心ではなくなった。地方に於ては、豪族自ら乱を起し、豪族自ら乱を鎮めるという有様で、（十二世紀には）中央政府は有名無実のものとなった。当時の政治は、決して国家を統治することでなく、唯だ先例古格によって百官を進退するくらいのことであった」（大川前掲書）

それが藤原レジーム後期の権力実態ということになる。まさに「中央政府は有名無実」であり「政治は、決して国家を統治することでなく、唯だ先例古格によって百官を進退するくらいのこと」だった。

かくて遣唐使中止から百年を閲《けみ》してもシナの影響の残滓《ざんし》が平安時代にまで尾を引いた。律令制はたしかにシナに学んだが、日本は天皇を中心に国家体制を構成し、冠位制度は儒教的要素に、もうひとつの価値観をふくらませ、聖徳太子は十二階とした。

科挙も宦官も日本は真似なかった。平城京も平安京も長安に都市設計は真似たが、城壁がない平和的な建築思想が基礎にあった。

それは島国という地理的条件の下、あらゆる文明文化を受け入れたものの、いつしか日本流に咀嚼《そしゃく》してしまった。国威発揚の儀式を重んじた律令制国家も肝心要とされた遣唐使を廃止した。

西尾幹二はずばり本質をえぐった（全集『第二十一巻　天皇と原爆』、国書刊行会）。

「907年には唐が崩壊します。すなわち東アジアの緊張がなくなっちゃったので、国威発揚の必要もなくなる」、それゆえに、「王権自体が消極的になり『天皇を差し置いた摂政関白の時代が始ま』」った。

外国の脅威が稀釈され、まさに秩序の安定と天皇家との縁組みによる藤原レジームの栄華は五百年余という長い時間、つづくのである。

神道と仏教は奈良時代から日本で神仏混交となって絡み合い、推古天皇期から朝廷が信仰するところとなった。以後、仏教が政治と結びついて力をもった。

庶民はまず神社仏閣へお参りに行ったが儒学の湯島聖堂を訪れる人は少数（いまも訪問者は少ない）。儒学は江戸時代に知識人に影響を持ったが、それなら実際の徳川政治を動かしたかと言えば、幕府ブレーンの顔ぶれをみても僧侶の天海《てんかい》、崇伝《すうでん》であり、儒学者の林羅山に政治力はなく、新井白石は儒学的な政治を主導したわけでもなく、まして山鹿素行も荻生徂徠《おぎゅうそらい》も在野にあって講釈で糊口《ここう》を凌《しの》いだ。

西尾幹二が続ける。

「徳川の政治体制は儒学とはあまり関係なしに成立したので、幕府が朱子学者たちを抱えたことを過大に考えない方がいいでしょう。（中略）幕府のお抱え儒者たちは主に博識と文章能力を利用されたのであって、彼らの思想も論争も、支配階級である侍の間にはさほど浸透することはありませんでした」

というより、江戸の儒学者らは博覧強記にして孔子、孟子、荀子などの本質を捉えたが、日本主義、国体尊重に流れ込み「天壌無窮」「神州不滅」「尊皇攘夷」というナショナルな情緒を加味した独特の思想を生んだ。典型が水戸学だった。国学が純粋培養されて幕末の志士らの原動力となるのだ。

伝染病と遷都

華やかな奈良・平安時代の裏面には伝染病と飢饉があった。

戦後の歴史書には伝染病についての既述が少ないという特徴がある。疫病など遠い過去の野蛮な時代、衛生対策が希薄な、遅れた過去と総括し真剣に考えてこなかった。しかし疫病対策は当時の為政者にとっては深刻かつ重要な政治課題だった。

たとえば天平宝字七年四月、信濃で飢饉があり、壱岐で疫病が発生、朝廷はすぐに救援物資を送っている。同月、陸奥で飢饉、すぐに救援物資。

五月、伊賀国で疫病、河内では飢饉。聖武天皇も疫病を患ったが鑑真の進呈した医薬で治ったと『続日本紀』には明記されている。

疫病と飢饉とが連続したため国力の衰退は火を見るより明らかだった。

２０２０年春に世界的規模で疫病が蔓延した。新型コロナ（武漢肺炎）である。日本のような衛生万全といわれる国でも次々と死者が出て久しく日本人が忘れていた疫病が目の前の現実の問題となった。異様な光景が中国の都市部に出現した。中国では２０２２年師走にゼロコロナ政策を緩和した途端、武漢肺炎（ＣＯＶＩＤ－19）の新型が蔓延した。

『日本書紀』崇神天皇五年の箇所を思い出してみよう。

「国内に疫病多くして、民《おほみたから》死亡《まか》れる者ありて、且大半《なかばにす》ぎなむとす」とある。

つまり国民の半分が死んだのだ。

『古事記』にも次なる記述がある。

「この天皇（崇神天皇）の御代に、役病《えやみ》多《さは》に起こりて、人民《たみ》死にて尽きむとしき」

ひとびとが次々と亡くなり、人口が絶えかけたとまで言っている。

聖武天皇の御代には大宰府をロックダウン。宮廷も封鎖し、天皇は隔離勤務（テレワーク）となり、疫病を逃れようと恭仁京、紫香楽京（信楽京）、難波京そして平城京へ帰還と、遷都すること四回に及んだ。遣唐使、遣日使が大宰府にはいると、二か月留め置かれた。伝染の有無を確認するため潜伏期間を二か月と設定した。

そのあとで使節団の代表が京へのぼり天皇に拝謁する。ところが完璧な防疫はならず、猛威が襲いかかり、大宰府も閉鎖され、防人たちを帰省させた。それでも伝染病は猖獗《しょうけつ》

京都御所の大極殿。殿内には高御座がしつらえられ、国家的儀式が行われた

を極めた。聖武天皇は恭仁京、紫香楽宮、難波宮と移って、平城京へ戻るのは四年後だったが、遷都は疫病からの隔離が主な目的で、東大寺の大仏建立は厄払いを兼ねた。

藤原不比等の四人の息子も伝染病に罹患して次々と死んだ。その武智麻呂（不比等の長男）の息子、藤原仲麻呂は反乱に失敗して藤原南家は衰退した。すると次に藤原北家が栄え、やがて「この世をばわが世」を謳う藤原道長の登場となった。その道長さえ持病をいくつも抱え、その人生は病魔との闘いでもあった。

菅原道真の建言により遣唐使を廃止したため疫病の大流行は小康状態となった。

藤原道長の時代には疫病はおさまり、社会が落ち着いていたのである。

この藤原道長の時代、女流作家たち（紫式部、和泉式部、清少納言、赤染衛門ら）が華やかに活躍する先駆けとなったのが道綱母（名前が分かっていない）の書いた『蜻蛉日記』だ。

その一節に息子の道綱が罹患したこと、夫・兼家の兄で太政大臣だった伊尹《これまさ》の息子二人が天然痘に罹患し死亡したことが記されている。

「この世の中は、疱瘡《もがさ》おこりてののしる。二十日のほどに、このわたり（周囲）にも来にたり。助（道綱）、いふかたなく重くわづらふ。『いかがはせむ』とて、言《こと》絶えたる人（夫の兼家のこと）にも告ぐばかりあるに、わがここちはまいてせむかた知らず」（『蜻蛉日記』、角川ソフィア文庫）

これは夫が道綱母と事実上別居し、ほかの女にうつつを抜かしていたときで、それでも、つれない兼家にも息子の病状をしらせようかと思ったという意味である。兼家は正妻との間に道隆、道長を産ませた。つまり『蜻蛉日記』の作者「道綱母」の夫とは、道長の父である。

正妻の子供らが出世し、また他にも幾人かの愛人を渡り歩く夫への哀愁や、嫉妬。つまりは「存在しているのか、どうかも不安定なかげろう」に日記の題名がかかっている。

道綱は奇跡的に助かるのだが、遣唐使をやめて百年以上も経過していたにもかかわらず伝染病は間歇的に流行していた。官の交流は途絶しても、博多を中心にシナの商人らとは盛んに交易が行われていたからだ。

天然痘の大流行は天平七年（735）、同九年の二度にわたって発生したとみられており、このうち天平九年の流行は四月に大宰府管内で発生し七月には都へ波及した。平安時代初期に編纂された歴史書『続日本紀』には、六月の記録として「廃朝。以百官官人患疫也」と、官人がことごとく天然痘に感染し朝廷の政務が止まったと伝えている。

伝染病が人生を狂わせ前途有望を謳われながら、罹患し卒した藤原四兄弟、その不在を遠因とした、道長の望外の登場も、有力者が次々と疫病に罹患し旅立ったからだった。

長徳元年（995）夏、関白道隆が薨じ、道長の酒友だった藤原朝光《あさてる》、済時《なりとき》も相次いだ。

おそらく疫病だろう。朝光は兼通の子、済時は師尹《もろただ》の子で並んで大将の位にあった。
道長の急浮上を頼山陽『日本政記』は簡潔に次のように記述した。

「右大臣道兼を以て、庶政を関白せしめ、権大納言藤原道長に左大将を兼ねしむ。五月道兼薨ず。職に在ること、僅かに七日なり。世、七日関白と曰ふ。道長に勅して、太政官の文書を内覧せしむ。道長は兼家の季子なり。豪爽にして気を負ふ。嘗て相ありこれを視て曰く、これ虎、深山を独歩すと謂ふ。貴顕、比なしと。この歳春、道隆病む。奏して、その子、伊周をして、省中の事を摂せしむ。帝、伊周は中宮の兄なるを以て、固よりこれを親寵す。道隆薨ずるに及び道兼、関白となる。伊周、望を失ふ。道兼薨ず。伊周、自ら謂へらく、必ず政を得んと。上の意、亦た、ここに在り。而るに東三条大后は道長の姉なり。その政を執らんことを欲す」（岩波書店『日本思想大系』）

ついで左大臣源重信が死去し、翌年に伊周と隆家らが花山院を弓で射かけたため大宰府などへ遷され、長徳二年、道長が左大臣となった。二年後、藤原為時が越前守となって赴任。夫人の紫式部が同道した。この所以をもって福井県越前市に紫式部公園が造成されたことはみた。

長保元年（999）、道長の娘彰子が入内し翌年中宮となる。彰子は豊艶にして長き髪は身の丈を超え、后の定子は産後の肥立ち悪く早世したため、彰子が皇后となる。なくなった定子の女御のひとりが清少納言だった。ここで道長の人生大飛躍が本格化した。

三条天皇と道長の対立

頼山陽は道長評を次にまとめた。

「一条帝、心に藤原道長のなす所を悪むも、而も制する能はざるなりと。蓋し藤原氏の累葉《るいよう》の権威を以てせば、英明の君と雖《いえど》も、奈何《いかん》ともする能《あた》はざるものあらん。況んや帝をや。（中略）その機は、我れに在りと。苟くも我が度を正しくし、我がなす可き所のものをなさば、（中略）則ち臣、将に臣の如くならんとするに庶幾《ちか》し。その初めの敢て臣の如くならざる所以は、君、君の如くならざるに由るなり。帝の一言、君

の如くなれば、則ち以て道長を讋服《しょうふく》するに足る」（頼山陽、同前掲）

つまり帝が決然としていれば、道長の横暴を制御出来たのであり、『韓非子』に曰く、「君は君たらずとも臣は臣たらざるべからず」の基本をわきまえたブレーンが不在だったのか、いったい実資ら他の側近たちは帝ちかくにありながら何をしていたのかと糾しているのである。

寛弘八年（1011）、道長と対立してきた一条天皇が崩御され、三条天皇が即位された。左大臣は道長。長和元年（1012）、道長三女の妍子《けんし》を中宮に送り込み枇杷殿《びわどの》と称する。道長の専横が激しくなり、人事権をもって睨まれるので誰も反対せず、例外が藤原実資だった。

頼山陽はこう続けた。

「吾れ豈に権臣に阿《おもね》りて、王事を忽《ゆるがせ》にせんやと。乃ち中納言隆家等数輩と、入朝して、嘉会に預る。上、これに因りて、竊かに実資に倚頼《いらい》す。この歳、侍従大江匡衡卒す」

大江の妻が『栄花物語』の作者赤染衛門で、そのうえ赤染衛門は道長の妻の侍女だったため極めて身近で道長を観察していた。

長和《ちょうわ》五年（1016）、後一条天皇が即位、僅《わず》か九歳。左大臣の道長は摂政を兼ねた。寛仁《かんにん》元年（1017）、これらの職を辞して息子の頼通に譲るものの太政大臣として君臨する。

もうひとつ、特筆しておくべきは贈り物、贈られ物の備忘録を道長の『御堂関白記』が兼ねており、何時、誰に何を贈り、誰から何が届いたかである。

長和三年（1014）八月、鎮守府将軍の平維良からは馬20頭、鷹羽、砂金など夥《おびただ》しい贈り物が届き、その行列に京衆の見物があった。様々な儀式の参加者、人事異動の節目に引き出物として衣装や、馬、牛である。

倉本一宏の綿密な調査に拠れば、425頭の牛が届き、このうちの349頭を分け与えている。皇族、貴族、寺社への下げ渡し。牛は63頭、このうち61頭を下げ渡した。牛車は貴族の移動必需品。また十二単衣など衣装は位の高い皇后、嬪、女御などへ格付けによって組み合わせた。

「道長が自分の懐へ入れるべき賄賂というよりも、王朝社会全体における牛馬の集配センターと再分配システムを想定した方がよさそうである」（倉本一宏『藤原氏』、中央公論新社）。

いまで言えばベンツ、ＢＭＷ、レクサスの集荷があり、道長の計算方程式に基づいて有力者に分配され、政治的影響力を行使したということであろう。

刀伊の入寇

道長の最晩年、寛仁三年（１０１９）、大事件が起きた。「刀伊《とい》の入寇《にゅうこう》」である。女真族が主体の強盗海賊集団が壱岐・対馬を襲い、北九州に侵攻した（刀伊は高麗語で夷狄《いてき》を意味する）。女真族は十二世紀に「金」を建国した。十七世紀には満洲族として後金を、やがて清王朝の中核を形成する。七世紀に阿倍比羅夫が退治した佐渡、東北から北海道にかけての粛慎《みしはせ》も女真族の流れとされる。

当時、女真族の一部が高麗へ朝貢していた事実がある。女真族は部族的な小国家群をなして十一世紀初めから海賊行為を繰り返していた。新羅、高麗も襲われ、多くの人々が奴隷貿易のため拉致されていた。

来襲を撃退したが、日本側が捕らえた捕虜三名は高麗人だった。藤原実資の『小右記』では海賊のなかに新羅人もいたと記している。

壱岐への襲撃では老人子供を殺害し、壮年の男女を船にさらい、人家を焼いて牛馬家畜を食い尽くした。国司の壱岐守藤原理忠《まさただ》は、ただちに賊徒征伐に向かうが、大集団に敵わず玉砕した。壱岐の島民148名が虐殺されたうえ女性239人が拉致された。

さらに海賊団は筑前国の怡土郡《いとぐん》、志麻郡《しま》、早良郡《さわら》を襲った。「伊都國」として『魏志倭人伝』にでてくる地域で、白村江の海戦に敗れた折に、大宰府の前面に巨大な水城《みずき》を構築し、博多から伊都にかけては長大な防塁を築いていた。当時の大宰権帥は藤原隆家。彼と前小監の大蔵種材《おおくらのたねき》らが奮戦し、海賊団を撃退したと『大鏡』は隆家を褒めた。日本側は天智天皇以来の国防体制がやや弛緩していたため防備の不意を突かれたかたちになった。

ときの政府、最高権力者だった道長は一線から「引退」していた。あまつさえ道長は持病を幾つも抱えて、政務を右大将の実資や息子の頼通らに任せていた。

刀伊の入寇とはどのようなものだったのか。もっと詳しく見よう。

刀伊の入寇（女真族海賊の来襲事件）で夥しい人的被害が記録された。幕末の史論は「寛仁異賊之禍」とし、明治には「刀伊の賊」などと表現された。

寛仁三年（１０１９）、三月二十八日、対馬・壱岐が突如襲われ、四月七日に女真族海賊は壱岐から博多を襲ったと大宰府に報告された。四月九日には博多警固所も襲撃を受けた。十八日後に平安京へ「刀伊国ノモノ五十余艘、対馬嶋ニ来着、殺人放火」の凶報がもたらされた。

大宰府軍は鏑矢《かぶらや》で応戦し、とくに大神守宮、財部弘延《たからべのひろのぶ》らが勇敢に戦闘を繰り広げ、平致行、大蔵種材、藤原至孝、平為賢《たいらのためかた》らは海賊団を追撃した。

排除に活躍したのは大宰府に権帥（次官）として赴任していた藤原隆家とされた。しかしそう書いた『大鏡』は過度の隆家贔屓であり、また隆家の報告を鵜呑みにした『小右記』の藤原実資は隆家と仲が良く、しかも両者は往時の権力者、藤原道長に強い反感をもっていた事実がある。これらを割り引く必要がある。

なぜなら隆家は撃退後の恩賞に浴していないからだ。勲功は散位朝臣平為賢、前大監藤原助高、大蔵光弘、藤原友近、紀重方にあるとして朝廷に届け出た。

『大鏡』は藤原隆家贔屓である

『大鏡』によれば賊の来襲時に大宰府には武装の用意が乏しく、しかし隆家が「才能、知謀に優れていた」ので、近隣から兵を集めた。「家門が高く、そのご威光で重大事変を鎮定したのだから勲功を賞して大納言となるべきだが何のご沙汰もなかった」とした。

ただし隆家には随兵の警備団があった。戦闘に参加し軍功を挙げたのは事実で、その隆家の随兵は当時の瀬戸内海に海賊が横行していたため赴任に際して武装警戒が必要とされ一緒に大宰府へやってきた強者《つわもの》たちである。

制度的には応戦指導のトップにあるのが藤原隆家だった。彼は「追撃は新羅の境に入るな」と指示した。女真海賊は帰路に松浦《まつら》郡に上陸したが地元豪族らが撃退した。

九月になって高麗が拉致被害者270人を日本に送り届けた。人道援助ではなくあくまでも外交的配慮で、高麗は日本に恩を売りよしみを深くしておく必要があった。拉致された者が1289名で、生還が270名ということは1019名が海の藻屑と消えたか、女真族の奴隷として売り飛ばされたと推定される。『大鏡』は藤原隆家が高麗使節をねぎらい黄金三百両を与えたとある。ということは人質をカネで買って取り返したことになる。

さて同時期、道長も隆家も三条天皇も藤原実資も、全員が眼疾を患っていたという重要な事実をいかに解釈するか。

同年四月に実資は眼病で参内《さんだい》をとりやめた日々があった。御所周辺では不審火、強盗、盗賊が横行し小野宮近くでも放火があった。

視力が失われるのは加齢が原因なら老眼だが、生まれつきの近視、乱視、遠視がある。

現代医学は白内障は手術で治せる。

当時、三条天皇は失明同然で隠居した。また藤原道長は晩年、ほとんど視力を失う日々があって『御堂関白記』にも記載があり、症状のひどい時期は日記を書いていない。白内障ではなく緑内障と考えられる。

大宰府に自ら赴任を希望した藤原隆家の場合、博多に帰化人の名医がいると聞いて、その治療が大宰府赴任志願の目的だった。

白内障は目の中のレンズ（水晶体）が白く濁ってくる病気で、原因は加齢によるものがほとんどだ。水晶体の成分であるたんぱく質が活性酸素によって変化し白く濁るのである（じつは筆者も数年前に両眼を手術し、元に戻ったので現代医学に感謝）。

緑内障は、視角で得られる情報を脳に伝達する視神経に障害が起こり、視野狭窄となる。これは視神経が圧迫・障害されることで発症する。目の硬さ（目の中の圧力）が、その人の視神経が耐えられるレベルを超えて上がることが原因と言われる。これらは現代医学で手術で治ったという人が多い。しかし十世紀、十一世紀に外科手術がある筈はないから、完治は難しい。

白内障とビタミンとの関係を言えば欧米では、ビタミンCなどの抗酸化栄養素の摂取と老人性白内障発症率との関係について研究がすすみ、ビタミンC摂取により老人性白内障の発症率が低下することが報告されている。

緑内障の「予防」目的の栄養素には、ビタミンAやビタミンB群をはじめ、アントシアニン、タウリンやDHAなど。ビタミンAは、眼球内の角膜や粘膜を保護し、涙量を維持するのに効果がある。ビタミンAが多く含まれる卵や乳製品、うなぎ、レバーやニンジン、ホウレンソウなど、昔から視力回復にヤツメウナギと言われたものだ。

視力が落ちる急激な視力低下の原因は角膜の傷や感染、急性緑内障による発作、眼中出血（硝子体出血）、網膜の血管閉塞、網膜剝離、視神経症、脳卒中や一過性脳虚血発作などが多い。

『栄花物語』でも藤原隆家は賞には与《あずか》れず、目を病んでいたため唐人医師の治療を希望し自ら大宰府勤務を望んだのであり、戦闘の指揮はしていないと示唆している。この説が真実に近いと思われるのは隆家は花山院を襲撃して懲罰を喰らい出雲へ左遷されながらも病気と称して丹波か但馬あたりで隠棲した過去があるからだ。しかも大宰府で指揮をとると言っても目が不自由とあっては物理的に不可能だったろう。

ともかく日本が主権国家たらんと思えば、侵攻されたら武力で徹底的に戦う、同胞が拉致されたら武力で取り返す。その原則は貫徹された。この「刀伊の入寇」の顚末を現代日本人のほとんどが知らない。

治安二年（1022）、藤原道長は法成寺造営に没頭し、平城京の興福寺に擬して、諸国に賦役の動員をかけた。

帝が法成寺に臨光され、落成した。二年後、道長は薨じた。

歴史の事実は「正史」になく稗史《はいし》にあり

言葉で書かれた歴史は真実を含むが、おおかたはつくられた史観であり、現地の神社などへ行くとその地にだけ継がれた稗史がある。文字を持たなかった時代の神話や民話、伝承や伝説がある。

そうした稗史のほうが歴史の真実ではないか。坂本龍馬や勝海舟の「イメージ」は勝手に創られ、虚像がひとり歩きしているのではないか。

たとえば「帰化人」を「渡来人」と言い換え、高千穂が天皇の故郷となったのはなぜか？

幕末維新にしても徳川慶喜のふがいなさ、勝海舟への過大評価は小栗忠順《おぐりただまさ》の功績を消した。小栗上野介忠順は早くから欧米の文明の利器を取り入れ、製鉄所、造船所建設のために貨幣の改鋳や国債発行計画を打ち上げ、徳川慶喜の恭順投降に反対し薩長との徹底抗戦を主張したため疎《うと》まれ高崎に蟄居。慶応四年に斬首された非業の英傑である。

ところが実際には武器商人の代理人に過ぎない坂本龍馬や、大風呂敷の勝海舟が日本を変えたなどと歪曲された歴史観が蔓延《はびこ》った。いまも主流である。

蘇我氏がなしたことを、聖徳太子ひとりの手柄にして意図的に蘇我氏の功績を消した『日本書紀』の編纂意図が存在したごとく近年の歴史学者や作家たちも歴史書き換えを展開していることになる。

現代の情報戦はフェイクとの闘いでもある。真贋を見極める分析能力が必須である。

第四章

世界史からみた道長時代
日本は井の中の蛙ではなかった

『宋書』に書かれた日本

歴史は段階を経て〝進歩〟するなどと面妖な進歩史観を唱えたのが戦後のマルクス主義の立場にたった「知識人」だった。

現代世界を蔽う「グローバリズムが進歩的」という不思議な〝信仰〟の基礎はフランクフルト学派残党の工作である。歴史は繰り返すのであって進歩するのは文明である。またジェンダーギャップ、ＬＧＢＴＱ、ＢＬＭ、女系天皇賛成論なども彼らが仕掛けている二段階革命論に基づく。

人間の知恵と感性は同じであって歴史はつねに進歩しないし、往々にして「足踏み」状態になるか、退歩する。

藤原道長時代の日本は文明的にはまさに足踏み状態だった。事実上鎖国していたのだから文化的に独自な伝統が培養され、日本文化の大躍進時代だった。

後世、江戸の元禄のように文化繚乱期に遭遇していた。なぜなら最大の軍事的脅威だったシナが退潮していたからである。

道長は子宝に加えて時代的な幸運に恵まれた。当時のシナ大陸は軍事を閑却し文化で栄えた宋王朝である。朝鮮半島は高麗が統一し、その北側に遼《りょう》が勃興していた。

康保《こうほう》三年（966）に道長は生まれた。宋王朝建国の六年後である。

宋建国の二年後（962年）にヨーロッパでは神聖ローマ帝国が生まれ、オットー一世が初代皇帝となっている。もっとも道長時代の日本がそのことを知っていたとは思えないけれども。

神聖ローマ帝国は連合国家で現在のドイツ・オーストリア・チェコ・イタリア北部を中心として存続したが、ナポレオン・ボナパルトによって1806年に八百年以上続いた帝国は崩壊した。

道長は十五歳で従五位下、十九歳で右兵衛権佐《うひょうえのごんのすけ》、二十一歳のとき（寛和二年）に左近衛少将、従四位下。この間に安和の変、円融天皇即位から譲位。花山天皇の出家、一条天皇が即位され、道長の父・兼家が摂政となった。

したがって道長の成功は第一に外戚の地位が鉄塊の如くに固まったからである。第二は「天皇と摂関の娘の中宮、その中宮から生まれた皇子（皇太子から天皇になる者）の三者の意見がよく一致して政治を運営」ができたこと。第三に「道長本人が賢人であり、また一条天皇をはじめ彰子、(道長の長女、一条天皇の中宮)とその皇子敦成《あつひら》親王(後一条天皇)も、たがいに意思が通じあっていた」からである。第四に道長ブレーンに有能な四人の公卿陣があったことが成功をもたらした(以上括弧内は山中裕『人物叢書　藤原道長』(吉川弘文館)。

寛和二年(986)と言えば、宋の興隆期である。宋という王朝は軍事的覇権より文化興隆に重点を置いたので日本に軍事的脅威を与えることはなかった。

遣唐使の中止以来、官船による遣宋使こそなかったが商人たちは活発に貿易を行っていた。博多商人の活躍はいまの福岡市に随所に残る。民間の交流によりシナの情報は大和朝廷に次々と届いていた。

宋の歴史を描く『宋書』は全二十二巻(台湾版)、三十年ほど前に村松剛(筑波大学教授=当時)と台湾へ行った折、台北市重慶南路(台北の神田といわれる)の古本屋で見つけ、氏が買い求めたことを思い出した。筑波大学の図書館にはなかったのだ。

藤原北家が権力の絶頂へ向かって突進していた時代に対外脅威がないのだから社会には

天武決起の地と想定される吉野にある神社

秩序優先の安定が訪れていた。

　道長の三百年前に白村江の戦役があった。日本軍は海戦で唐の水軍に敗れた(実際は引き分けだった)。

　天智天皇を継いだ天武天皇は「まつりごとの要は軍である」と勅した。

　白村江の前後に何回か日本は軍備を整えて出兵の準備をした。神功皇后の三韓征伐は記録が不確かなため何度か実行された出兵を『日本書紀』は一括して神功皇后の条にまとめた。

　出兵準備が明らかに記録されたのは聖徳太子が二万五千の兵を徴集し、弟の来《く》目皇子《めのみこ》を司令官として瀬戸内に建造した舟を集め出航直前の態勢をとった事例がある。

八世紀にも出陣の準備は進んでいた。

ときの権力者だった藤原仲麻呂が本気で新羅征伐を準備し、美濃と武蔵から語学の才能がある若者を六十名選抜し新羅語の特訓を始めた。

前年の十一月には授刀舎人《たちはきのとねり》の春日部三関と、中衛舎人《ちゅうえいとねり》の土師《はじ》関成《せきなり》らを大宰府に派遣し、吉備真備から諸葛孔明の軍事指南書「八陣」（軍陣の八形式）と『孫子』兵法にある「九地」（九の土地系における戦術）、ならびに軍営を学ばせた。真備は唐で軍事学を修めてきたが、このときは藤原仲麻呂に疎まれ大宰府に飛ばされていた。

二年後に仲麻呂自らが任じた東海道節度使が船152隻、兵士1万5700人。南海道節度使は百済王敬福が任じられ、船121隻、兵士1万2500人。吉備真備には西海道節度使を兼務させ船舶121隻、兵士1万2500人。動員された兵士には三年の免税特典が授与され、準備は整いつつあった。船は合計で394隻だった。

ところが疫病と飢饉、各地で洪水などの災害が起こり、出兵どころではないと不満が爆発し、藤原仲麻呂政権が一気に壊滅に向かう元凶となった。

疫病の猛威は近年のコロナ禍（武漢肺炎）で身近な問題となり、いかに当時深刻な状況だったかの想像がつくだろう。ちなみに2019年から世界を恐怖のどん底に陥れた武漢肺炎は2023年二月末までに感染者は7億5251万人超、死者は680万人超となった。これほど夥しい死者はかつてのスペイン風邪どころのレベルではない。

兵站とは何か

兵站《へいたん》とは武器、糧食、補修ならびに航海の機材、用具、船乗りを集めることで、準備には最低二年から三年を要する。動員を命じられた国司（受領）らも戸籍を基に集落単位で割り当てる必要があり、その算段に苦労を伴った。

当時の武器の発明はシナ大陸のほうが進んでいた。遣唐使が目撃し、あるいは新兵器の見本を持ち帰り、あるいは設計図を手に入れて兵器工場で生産された。

鎧、甲冑、鉄剣も製作に時間を要し、工場といっても手作業である。多くの人員を動員して態勢をつくった。鉄を産出しない地域はほかに買い求めるか、代替武器を調達しなければならない。

矢は戦闘用には狩りや流鏑馬《やぶさめ》の野矢、引目矢とは異なって征矢《そや》と呼ばれた。原始的な弓は縄文時代から狩りに用いられ、やがて材料の選択と特産地が選定される。

矢尻、シャフト、羽根、矢筈《やはず》（引目）などの部材の調達からはじめ、またよく撓《しな》う弦の材料にも工夫があった。毒矢、火矢なども必要だし、トリカブトやニカワが運び込まれた。桓武天皇の時代でも3万4500本の弓をそろえたと『続日本紀』にある。

鎧兜の原型は西安で大量に出土した兵馬俑《よう》の武装をみるとよく分かる。秦始皇帝時代、すでに武装は本格的だった。西安の記念館は巨大なドームが三つ。その規模にも圧倒される。

たとえば令和五年一月に円墳・富雄丸山《とみおまるやま》古墳（奈良市）から金細工のある鏡と長さ2・6メートルの蛇行剣が発掘された。古墳時代中期の鉄剣で剣身が蛇のように波打ち、実戦用武器とは考えられない。祭器として儀式に使われた副葬品で被葬者を悪霊から守る辟邪《へきじゃ》の道具だろうと推定される。

そうした刀も造られたのだ。

また同年二月二日に発見された高畑《たかばたけ》遺跡（福岡県）における青銅武器の鋳型の両面。これは弥生期の「広型銅戈《ひろがたどうか》」で表面と裏面で溶かした銅を流し込み武器を製造するものでこのタイプの発見は過去に七例があるが、両面の鋳型の出土は初めてである。武器生産はイノベーションが進んでいたのである。

国内最大の木製埴輪（石見型）が出土して注目されたのは古墳時代後期（五世紀末）の前方後円墳「峯《みね》ケ《が》塚《つか》古墳」（全長96メートル。大阪府羽曳野市）だ。

この古墳からは木製埴輪に加え、豪壮な遺物が大量に見つかった。古墳のくびれ部から前方部にかけて、祭祀場とみられる東西20メートル以上の「造り出し」（壇状の施設）が設けられていた。埴輪の兵士から当時の軍装が判別できるのである。

かくして古代日本も防衛の備えは十分であり、緊張緩和が訪れた道長時代でも武器、刀剣、槍などは棄却されず御蔵などに保管されていた。

宋朝は軍事に興味のない王朝だった

宋は漢族の王朝だった。

シナで漢族の王朝は漢、宋、明、そして現在の共産党王朝くらいで北狄が殷王朝を開き、西戎が周王朝を興し、東夷の国が秦だった。隋・唐は鮮卑族であり、安禄山《あんろくざん》はソグド人だった。要するに漢民族は外からやってきた異民族に支配され、その奴隷として生きた。殷の前にあったと中国が自慢する夏王朝は存在そのものが実証されていない。

秦の時代から日本へ渡来した帰化人が夥しく戦争の概念を運んだ。

弥生時代の鎧は短甲《たんこう》と呼ばれ木製で胴回り防御用、籠手《こて》や脛当《すねあ》てもあった。一般兵士は綿を重ねたもので平安期には金属製となるが、腐食や重量から皮革材に改良された。

軍船も仕様が異なり、戦闘目的の船舶を四百艘も用意するには木材の伐採、集荷、運搬のための費用と労働力、その間の作業場、宿舎、食糧が必要であり、聖徳太子のときの新羅派遣準備が遅れたのも疫病や飢餓、儀式があいつぎ、土壇場で弟の死があって出兵見送りとなった。

天智天皇亡き後の近江朝では大友皇子が新羅出兵を「計画」していた。この王朝では五人の高官が百済からの亡命貴族で外交方針に口を挟んだ。

つぎに大規模な出兵準備をしたのは前述のように藤原仲麻呂（恵美押勝《えみのおしかつ》）が天下を握っていた時期である。

先に述べたように藤原仲麻呂は三年をかけて準備と動員を命じていた。天平宝字三年（759）九月十九日、船五百艘を建造することが決まり農閑期を作業に充て三年で完成する計画だった。目的は新羅征伐である。

爾来、秀吉の時代まで日本は出兵準備をしたことはなかった。道長の時代には外国の軍事的脅威が希薄になって緊張が緩んでいた。

宋（960〜1279）は趙匡胤《ちょうきょういん》が「後周」皇帝の禅譲を受け成立した。帝室の姓から趙宋とも呼ばれる。

趙匡胤は後周の近衛軍長官だった。趙匡胤は国の分裂状態に終止符を打とうとしたが、急死し、弟の趙匡義（太宗・趙光義）が後継者となって統一を果たした。宋は科挙の充実を目指した。

中国史といえば科挙を連想する人が多いが、「科目による選挙」が科挙本来の意味であり、高級官僚への道である。北宋朝は科目を「進士科」一本に絞った。家柄や身分に関係なく誰でも受験できる公平な試験ゆえに才能ある個人を官吏に登用できた。

北宋の時代に科挙による登用で新しい支配階級「士大夫《したいふ》」を形成した。士大夫たちは地位・名声・権力を獲得し、それを元にして大きな富を得た。官僚となると宗族にとって重要な利権であり、賄賂、汚職が流行する元凶にもなった。

女真族《じょしん》は1115年に「金」を建国した。宋は金と共謀して遼《りょう》を滅ぼした。それも束の間、「宋金同盟」に亀裂が生じ、結局、金の攻撃で宋の首都だった開封が陥落した。皇帝欽宗《きんそう》、太上皇徽宗《きそう》以下多数の皇族は拉致され、秦檜《しんかい》も捕虜となった。欽宗の弟、趙構《ちょうこう》が南遷し、杭州で皇帝即位を宣言した。これが南宋である。藤原道長の死から百年後である。

1127年に趙構は即位して高宗となった。勇将岳飛《がくひ》の武勇もあって暫時、金と軍事衝突を繰り返したが、秦檜が宰相になるや金と和平を結び、猛将・岳飛は謀殺された。それでようやく孝宗時代に宋金関係は安定した。宋は和平をカネで買ったのだ。

宰相秦檜は金との和平を主張し、主戦論の岳飛を捕えて獄死させた。

漢族史観に立つと、岳飛は「民族の英雄」となり秦檜は中国史で「裏切り者」の代名詞となった。秦檜は北宋の官吏だったが「靖康《せいこう》の変」で皇帝とともに金に連行された。金の内部事情により捕虜だった秦檜は南宋に戻った。秦檜が交渉した金との和平条件は淮河を境とし、南宋は金に臣礼をとる。毎年、銀25万両・絹25万疋《ひき》を支払うという屈辱的な条件を呑んだ。

つまり華北を放棄し、南宋を認めさせる。その代償が財貨だ。年号から「紹興の和」

（1142年）という。この平和はモンゴルの侵攻によって金と南宋が滅ぼされるまでおよそ百年続いた。

現在でも秦檜夫妻は中国では「極めつきの裏切り者」として憎悪の対象とされ、なんと杭州の岳飛廟の前には、鎖でつながれた秦檜夫妻の像があり、人々はこの像に石を投げつけ、ツバを吐き、放尿する。漢族史観の典型の表現だろう。

1233年にモンゴル軍が南進し開封を陥落させたので宋はモンゴルの勢いに便乗し金を滅ぼした。宋軍は隙を狙って洛陽・開封を回復したが、モンゴルが和約違反と怒り、戦闘状態となった。1276年に首都臨安を占領されて南宋は滅亡した。

藤原道長はこうした宋の王朝変遷の一時期を横に見ながらシナ大陸が内乱内戦を繰り返し分裂状態が継続することは日本の安全保障に裨益《ひえき》することになり国内の安定に資する時代にめぐりあった。

対外脅威が希薄な、稀な幸運に恵まれたのである。

日本は独自の文明圏を築いた

『源氏物語』に戻ろう。道長の時代の日記や物語には、男女を問わず、国際情勢が書かれていない。現代人からみれば驚くべきことだ。

女流の日記は彼女らの目線で、日常や恋愛や和歌を連ねた小宇宙、宮廷の様子が想像できる意味で優れた文学だが、『紫式部日記』『枕草子』『蜻蛉日記』『和泉式部日記』『栄花物語』『更級日記』などを克明に読んでも、畿内の動静と宮廷の内外の風景ばかりである。

『源氏物語』から二百年のちに出た『堤中納言物語』は、もろに源氏物語の影響がある。平安時代の雅とは恋であり、歌の交換であり、また男は女のもとへ通う。明け方、人に見られない時刻に女のもとを立ち去るのが礼儀だった。このなかにある「花桜折る中将」という短編にある「花桜折る」は美女を手に入れたという意味で、「中将」は位階ではなく、「好き者」という意味がこの時代にあった。

『堤中納言物語』の成立は十三世紀中葉とされ、作者は不明である。しかし『源氏物語』の文学的影響が後世に広がっていった。ともかく国際情勢とはまったく無縁なのである。

国際情勢に疎《うと》くなるのは当然で、海賊が肥後、肥前を急襲した事件が起きると「南蛮と組んだ高麗軍の来襲」と未確認情報が報告されたほどだった。

男たちが書いた『御堂関白記』にも『小右記』にも『権記』にも、同時代に起きた世界史、つまり国際情勢の言及も無ければ分析もない。例外は女真族の海賊が攻め込んだ「刀伊の入寇」に関する簡単な経過記述だけである。

国際情勢がいち早く入ってくるのは大宰府だが、海外情勢の分析はなされず遣唐使として唐にわたり情勢を把握してきた筈の藤原宇合《うまかい》、吉備真備らの報告書は機密文書だったのか。

遣唐使に同行した山上憶良は歌を読んだ。大宰帥だった大伴旅人も和歌を残したが、国際情勢を感じさせる作品はない。当時の日本は泰平安楽の日々を送っていた。対外関係は鎖国状態であり、それゆえに独自の国風文化が成熟した。

日本は「独自の文明」であり、シナの亜流ではないと言ったのはアーノルド・トインビー、レヴィ・ストロース、アンドレ・マルロオ、サミュエル・ハンチントン等々、錚々《そうそう》たる学者、作家たちである。

日本の歴史学者でそこまで言い切る人は少ない。現代日本に本居宣長も平田篤胤も不在となった。

藤原道長の時代（十世紀～十一世紀）は対外緊張緩和、実質的な鎖国に因って、まさしく日本独自の文化が花開き、「文学の真昼」が出現した。

政治的文脈から言えば、道長時代の地政学は地球的規模で物事を判断し政策を決めたのではなく、元寇は十三世紀、南蛮船の到来は十六世紀以後。それゆえ視野に入るのは西の大国であり、シナ大陸と朝鮮半島との力関係が外交の基軸に位置した。ただし藤原道長の生まれる百年以上前に遣唐使は中断されており、８９４年に菅原道真が遣唐使廃止を建言する前の63年間も没交渉だった。

鎖国は国風文化を成熟させる。

後世、江戸時代の鎖国も日本独特の文学、思想、絵画、俳句、書道、歌舞伎など芸術が独自に発展・深化した。広重、北斎、写楽、歌麿、若冲らの日本画は当時の世界最高峰であり、ゴッホやゴーギャンに多大な影響を与えた。田中英道（東北大学名誉教授）によればフェルメールにも江戸文化の影響が認められ、人物が着物を着ている絵が二枚あるという。

道長の時代に唐風は薄まり、国風が文化を席巻し、古今和歌集、源氏物語などが生まれた。仏教は日本風に咀嚼《そしゃく》された。

そうだ、日本の仏教は隣の韓国や台湾へでかけてみるとその決断が判然とする。これほど違うかと驚くことが多い。

日本は国際情勢の変化に鈍感だった

東南アジアは小乗仏教であり、お経は大音響の拡声器、寺院はお祭り広場かと思うほどだ。中国へ行くと禅寺は山の中、濃厚な儀式が残るのはほとんどがチベット仏教。ほかの名刹《めいさつ》は観光地として俗化している。

知識人は漢詩を好み、日記を漢文で綴るなどの衒学的《げんがくてき》な側面もあるが、女流陣はひらかなで小説を書き、震えるような力強い和歌を詠み、情緒に溢れた日記を綴った。

朝鮮半島には百済滅亡後に新羅、北側は高句麗、その北へ向かうと突厥《とっけつ》だった。

日本をとりまく国際情勢は宇宙衛星が遊弋《ゆうよく》して世界同時に情報に接することが出来る現代からみれば、政変、王朝交替、宮廷内クーデターなどの事変から三年も五年も遅れて近隣諸国の政治の激動が伝わったのだ。

安禄山の乱を切っ掛けに唐王朝の衰退が始まっていた。そうした現実の変化を大和朝廷はなかなか掌握できなかった。

所謂《いわゆる》「安史の乱」を惹起した安禄山も史思明《ししめい》もソグド人だった。そのことも実際に安禄山やソグド人の政商たちと接していた阿倍仲麻呂と吉備真備くらいしか知らない。シナの歴代王朝は秦、漢、宋、明を除けば漢族ではない。しかし阿倍仲麻呂は帰国船が座礁し海流に流されてベトナムへ漂着し、長安へもどって再び玄宗皇帝につかえ帰国できなかった。阿倍仲麻呂の唐王宮における名前は朝衡《ちょうこう》である。

シルクロードを越えて長安の都へ這入り込んだ「胡人」とは狭義で言うと、ペルシア系ソグド人、広義での胡は外国人である。

ソグド人はサマルカンドを中心に、チュルク系匈奴や突厥の保護の下で貿易を引き受け財をなす一方、中国にゾロアスター教・マニ教を伝えた。マニ教は中国語で景教。聖武天皇の御代に日本にも伝わった形跡があるが、普及しなかった。

ソグド人は人種的には白人（コーカソイド）、緑や青い目、眼窩が深く鼻が高い。濃い鬚、巻き毛などが特徴とされ、そういえば知り合いの中国人でも青い目の人が何人かいる。

ソグド文字はウイグル文字、モンゴル文字となり満洲文字にも活かされた。

ソグド文字の源流はフェニキア、アラム文字とされ、文書は敦煌で発見されたが縦書き、字体の印象はチベット文字に似ている。

影響はそれだけではない。ソグド人は商業活動のみならず武人や外交使節、伝道者、通訳、音楽や舞踏、幻術などの芸能者としても活躍した。中国史において、このソグド人の活躍が軽視されているのは中華思想の傲慢さからだろう。漢族以外の他民族が優れていたと分かっては困る。したがって夷や胡人の活躍を意図的に伏せるのである。

蒙古人のジンギスカンがいまの中国では驚くべし、「中華民族」となったため、漢族も英雄視する。

ソグド人の一部はウイグル（東トルキスタン）、モンゴル高原へ渡り、遊牧の民である匈奴に従った。六世紀に突厥が誕生すると、遊牧民が不得手な商業、交易、通訳などで活躍し、６１７年に李淵《りえん》が挙兵して「唐朝」を開くとソグド人が大量に採用された。阿倍仲麻呂や吉備真備が留学していた頃の長安には多数のソグド人がいた。その中に安禄山もいたのだ。

私はウイグル自治区（東トルキスタン）のトルファンに残るベゼクリク千仏洞や敦煌の莫高窟《ばっこうくつ》を見学したとき、仏教壁画に紅毛碧眼で高い鼻の特徴がある人物が描かれていたことを不思議に思った記憶がある。

中国の史書に漢字で書かれるソグド人の国名のサマルカンドは「康国」、タシケントは「石国」、ブハラは「安国」、ケッシュは「史国」である。彼らの姓名も中国風に康某《カン》（サマルカンド系）、石某《シー》（タシケント）となる。ついでに言えば中国の名族は秦、林、李、楊、王、趙、孔、張、朱、陳などであり、馬はマホメット（鄭和は本名が馬で、イスラム教徒だった）、胡錦濤、胡耀邦の胡は狭義ではペルシア系ソグドだ。毛、辜、屠などのファミリーネームはそれなりの先祖の由来を物語る。

サマルカンドは美しい町で壮麗なモスクが建ち並び世界中から観光客を引きつける。このサマルカンドは現在のウズベキスタン東南、タジキスタンに近い。紀元前六世紀にアフラシャブという都市が建設され、現在のサマルカンドはその近くに十三世紀頃建設された。私がサマルカンドで驚いたのはモスク街の裏道を歩いていたら古いシナゴーグがあったことだ。ユダヤ人がここでも暮らしていたのだ。

サマルカンド郊外に立つ「ウルグ・ベク天文台」は十五世紀に建てられた。この天文台がその時点で１０２２の星を観測し、等級別に区分けされ、正確に日蝕の日時、日の出日の入りを予測したばかりか時刻観測は現代と僅か2秒の狂いしかなかった。

その後、ウルグ・ベクは地中に埋もれていたが１９０８年に発見され、再建は１９７０年である。天文台の日本における原型は不明だが、いまから５５００年前、縄文時代の三《さん》内丸山《ないまるやま》遺跡に再現された物見櫓は天体観測を兼ねていたと想定されている。道長時代の陰陽師・安倍晴明らはこの天文学を応用していたのだ。

シルクロードを通して中央アジアへ高度な文明の利器と科学が伝わっており、これがタクラマカン、ゴビ砂漠を駱駝の隊商が通過して長安にもたらされた。紀元前にギリシアのアレキサンダー大王はこの地を制圧した。

いまのタジキスタンにはソグド州があり、州都ペンジケントにソグドの末裔がいる。スキタイの末裔とも言われペンジケント近郊には二千年前まで栄えた古代都市サラズム遺跡が世界遺産に登録されている。そういえばペンジケントは琥珀の産地でもある。年代からいってアレキサンダー大王の東方遠征時に造成した都市ではない。それより古い時代である。

この時代の世界地図を日本から描くと、朝鮮半島を西へ目を転ずれば隋、それが唐となり、宋となった。

その西には吐蕃《とばん》（チベット）、南は南詔《なんしょう》。日本から距離感からみて、主たる外交の相手は隋、唐、宋となる。新羅も高句麗も絶えず唐の軍事動向に気を配らなければいけない。同時に日本と安定した関係に配慮しておく必要があった。新羅も高句麗も、その後の渤海国も日本に朝貢した。渤海使は高句麗沿岸を避けるため日本海沿岸に着岸した。

安禄山蹶起《けっき》の情報は、後者の渤海使がもたらしたのである。

レビラト婚

隋の煬帝《ようだい》は世紀のプロジェクトを推進した。

天津、北京あたりから洛陽へ、そして洛陽の東から上海あたりまで。洛陽からは黄河を遡及し長安へと三つの運河を建設した。これにより経済繁栄がもたらされたが、大河川である黄河と長江は土砂が流れ込むために絶えず護岸工事を必要とした。運河は地域の農民が強制労働にかり出された。運河の幅は30〜50メートルで総延長は２５００キロに及んだ。とくに京杭運河は北京から浙江省杭州までの大運河で黄河と長江を横断している。古代から部分的に開削されてきたが、隋の文帝と煬帝が農民を奴隷として酷使し、六年で完成させた。この内陸航路を辿って遣唐使は長安へ向かった。

軍事的な意味でも運河は軍事作戦で重要な輸送ルートであり、統一事業の基盤であり、軍事遠征の幹線になる。完成は６１０年のことだ。

戦争のない時代の国内を効率的に統一し、軍権を掌握し同時に景気を浮揚するには大プロジェクト群の推進が望ましいのである。現代中国は全土をブルドーザーで掘り返し、鉄道、高速道路を敷いて、新都市や高層ビルをあちこちに建てて、まるでこの大工事博覧会のような光景を見ていると隋の煬帝の大運河プロジェクトを彷彿とさせる。

隋帝国（５８９〜６１８）が鮮卑系という明らかな証拠のひとつは、儒教が禁止する「レビラト婚」が普遍的だった事実である。夫が死ぬと妻は夫の兄や弟と結婚する。妻が先に亡くなると姉妹が夫と結婚するのを「ソロレート婚」という。日本でも異母兄弟姉妹の結婚、従兄弟同士の結婚は飛鳥、奈良、平安時代に普遍的であって誰も異議を唱えなかった。

藤原一族と天皇家の系図を見ても、その延長である。江戸時代まで日本は仏教は受け入れたが儒教ははねつけていた。レビラト婚の目的は両親族集団の紐帯《ちゅうたい》を維持し続け発展させるためで、モンゴル族、匈奴、チベット族では普遍的だ。

こうした結婚形態は古くから中国にはない。中国では「同姓不婚」の原則があって儒教の観点からタブーとされ、レビラト婚を蛮族の風習だと嫌った。日本では「逆縁婚」「もらい婚」と言うが、儒教の価値観が強くなった江戸時代中期からはほぼ無くなった。

鮮卑族は紀元前三世紀からシナの東北部にいた騎馬民族で、騎射が得意である。したがって機動性に優れ、戦争には滅法強い。五胡十六国時代・南北朝時代には大移動で南下し漢人たちを征服した。

近代日本で一夫一妻制度を法律化したのは維新政府の江藤新平・司法卿である。それまで日本には厳密に夫婦単位という概念は希薄だった。縄文から弥生時代にかけて力のある男性が何人もの女性を従え、その子供たちは共同体の構成員でありチームワークで狩猟や農耕に励み、一緒に住んでいた。こんにちの家族の概念で生きていたわけではない。そのうえ成長した子供のなかで卓越した能力があり、肉体的にも優れた者が、共同体を牽引し、新しい女たちを従え、生き延びた。弱肉強食、自然淘汰、適者生存という原則で生きていたのである。

貞操とか不倫とかの近代の発想はなかった。共同体を率いる長には神秘な霊力とカリスマ性が要求され、占い師が予言を外すと始末された。壬申の乱を引き起こしたとき、従う地方豪族たちの前で天武天皇（このときは大海人皇子）には神秘の力、カリスマ性が求められ、超常現象のような儀式をとりおこなっている。

天武は陣中で伊勢神宮を遥拝し、天照大神に戦捷《せんしょう》を祈願した。柿本人麻呂はそれを長歌にした。

「渡会《わたらい》の　斉の宮ゆ　神風に　い吹き惑わし　天雲を　日の目も見せず　常闇に　蔽ひ給ひて」

小野妹子は敏達天皇の皇子という説があるが、正式の初代遣隋使となってシナとの間を、二回往復している。

『日本書紀』に「戊申朔庚戌 大禮小野臣妹子遣於大唐 以鞍作福利為通事」とあり、推古天皇十五年（607）に鞍作福利《くらつくりのふくり》を通訳に伴って派遣され、翌年に唐の裴世清《はいせいせい》を伴って帰国した。

そして隋の煬帝が遣わした裴世清の帰国にともない、小野妹子は再び隋に派遣され、多数の学問僧を従えた。のちに大化の改新のイデオローグと言われた南淵請安《みなみぶちのしょうあん》もこのときの留学僧に含まれていた。

この留学生等が持ち帰った史書、経典、絵画、墨書、風水の知識や軍事情報、新しい武器など夥しい文物と政治思想、とりわけ制度に関するものが目立った。日本はシナにならって官僚制度のシステムを酷似させたが冠位十二階はシナより二つ多く、宦官も科挙も持ち込まず、日本には去勢の風習もなかった。

古代日本の天皇を支えた基幹の役職は太政官と神祇官である。「役所」に相当するのが中務省、式部省、民部省、兵部省など「輸入システム」は隋・唐がモデルだった。

「朝鮮半島の南部は鉄の大生産地であり、ここを（大和朝廷は）手放すわけには行かなかった。鎧の製造にも、この地域から出る鉄が必要とされた（中略）。『日本書紀』の後半は、宮廷史の部分を除けば任那経営史であると言って過言ではない。任那経営

の数世紀にわたる努力は、白村江の敗戦によってついえ去った」（村松剛『世界史の中の日本』、ＰＨＰ研究所）

渤海国という不思議な存在

王朝が隋から唐になって地政学の大変化となった。高句麗が滅びて渤海国が興り、突厥は東西分裂後に滅び、西北にはウイグルが勃興していた。

ペルシア、中東、インドなどの産物、文化は長安を通して奈良へ運ばれた。シナ大陸と朝鮮半島の動きは渤海使、新羅使、そして華南の商人と活発な貿易をしていた博多商人などから伝えられた。

安禄山の蜂起などは三年も遅れて日本に伝わった。安禄山はソグドの血をひいており、滅法戦争に強いので利用価値があることは阿倍仲麻呂と同期の吉備真備らが情報を持ち帰った。

蝗害《こうがい》、自然の猛威、異常気象、そして疫病の蔓延などで、餓死がでると各地で反乱が起こり、呼応して軍が反乱側に走る。唐の決定的な衰退の始まりは安禄山による大乱で西暦

755年に始まった。けっきょく十年にも及んだ戦乱で唐は国力を疲弊させ、事実上王朝は形骸化していた。

唐王朝の統治は全土には及ばず、人口は最盛期の四千万人から千五百万人ほどに激減していた。群雄割拠ならぬ群盗跋扈だった。これを利用して長安に食い込んできたのがウイグルとチベットだった。吐蕃（チベット最盛期の王朝）は一時、長安を陥落させた。

こうした唐の動乱の情報は天平宝字二年（758）に渤海国から渤海使とともに帰国した小野田守が報じた。乱の勃発からじつに三年後である。

藤原仲麻呂が絶頂期で、混乱に便乗して新羅派兵を準備するため五百艘の船の建造を命じ、大宰府の警戒を強化したことはみた。新羅派兵は日本国内の疫病の流行と飢饉で取りやめとなったが出航寸前だった。この国力疲弊が仲麻呂政権を急速に衰弱させることになった。

唐代末に塩の闇商人だった黄巣《こうそう》の乱（874）により唐の本格的な衰退が始まる。唐は白村江では新羅を支援する余裕もあったが、衰退を認識していた日本は遣唐使を廃止した。以後、元寇まで対外的脅威は日本から去った。

対外的緊張が弛緩すると、きまって訪れる政治的風景は国内の内訌、内ゲバであり権力闘争は剝き出しの暴力ではなく陰惨な陰謀、暗殺などに移行した。奈良朝から平安時代は皇族、公家、坊主が入り交じった陰謀が交錯した。

唐が滅びる（907年）。シナ大陸は群雄割拠となって梁、蜀、呉など五代十国の分裂状態となり朝鮮半島は高麗が統一、渤海は契丹となっていた。

960年に宋王朝が出現した六年後に藤原道長が生まれたということは唐の滅亡から六十年後、道長の記憶にはない歴史過去である。

宋王朝は軍事力に乏しいが、文化的には豊穣な国力を誇った。首都は開封（現在の河南省開封へ行くと当時の面影を感じる風景にぶつかる）。

儒学には朱子学が現れていた。仏教も禅宗と浄土宗が花盛り、なんといっても芸術方面で画、詩、史、書、陶磁器、そして文明の発明は火薬、羅針盤、印刷機である。日本では国風文学、和歌が詠まれ、小説が書かれ、しかも「大和心」「大和魂」という語彙を最初に用いたのは女流作家の紫式部と赤染衛門なのである。

唐の玄宗皇帝は楊貴妃の美しい肢体に溺れ、まつりごとをおろそかにした。

人徳に欠けるところがあった。佞臣《ねいしん》たちに政治をゆだね、閨房《けいぼう》のことに没頭したため庶民末端まで生活を謳歌できた全盛は遠くなり宮廷内は讒言《ざんげん》と誣告《ぶこく》、対外情報の分析を怠った。ところが歴史書で玄宗皇帝は高く評価され「徳治の帝」などと宣伝された。もし徳政の帝であったとすれば数十万規模の反乱が起きたのはいかに説明できるのか。

『菜根譚』に次の箴言《しんげん》がある。

「権勢に依阿する者は万古に清涼たり」（権力にへつらう者は一時的にうまくいくかもしれないが、いずれ行き詰まり、永遠の寂しさとなる）。

次の箴言が『易経』にある。

「亢龍《こうりょう》　悔いあり」（最高の地位、権力に達した場合、人はしばしば敗亡の悔いに遭遇する。最高権力者は退くことを懼れ、慎みおそれることを忘れるからである）。

私が小学生時代に「修身斉家治国平天下」「一寸の光陰軽んずべからず」「少年老い易く

学成り難し」等を覚えさせられた。「三歩さがって師の影を踏まず」とも教わった。
ならば『論語』や『老子』にある次のような箴言を藤原仲麻呂は拳々服膺《けんけんふくよう》したらしいが、
二百年後の藤原道長はいかに咀嚼したか。

「子曰く　政をなすに徳を以てす。たとえば北辰のその所にいて、衆星のこれに共
(むか)うがごとし」
(徳こそ政治の根本。たとえて言えば徳は北極星。すべての星は北極星を中心に運行
するようなものだ)

「其の政(まつりごと)察々たれば、其の民は欠々たり」
(政治があまりにも細かいことばかり行うと、民の社会は欠点の多いものになってし
まう)

このような高徳のまつりごとを実践したとして日本でも仁徳天皇への高い評価が生まれ
た。

儒教的な堅苦しい考え方は近代になって普遍化したが、それまでは理想として片付けられた。シナの庶民が実践したという実績は無い。

日本が遅れをとった文明利器の武器化

農業技術のイノベーションは農耕具が鉄か石か、それとも材木かで決まる。

産業革命は蒸気機関の発明によるが機関車が驀進する沿線のかたわらでは昔ながらの牛馬を用いた農家があったように先史時代から縄文時代初期の狩猟具は尖石だった。これを加工して石斧《せきふ》、石鏃《せきぞく》、石刀など原石は黒曜石で信濃、大分、神津島などで産出した。神津島の黒曜石は伊豆半島の河津で陸揚げされた。

縄文時代のおよそ一万年間、日本で大がかりな戦乱の記録は無い。

縄文人は粘土をこねて土器をつくり改良を重ねて土偶や火炎土器のようなアートの領域も深化させた。土器は生活必需品となり土偶は祈り・宗教儀式の用具だった。尖石は狩猟、伐採、漁業に使われたが、兵器に転用されなかった。

日本で初めて鉄が使用されたのは縄文時代晩期（紀元前三〜四世紀）で福岡県糸島市二

丈石崎の石崎曲り田遺跡から出土した。鉄器は石器と共用され農耕の道具だった。世界史で初めて鉄がつくられたのはヒッタイト帝国である。アナトリア半島で紀元前2200年前から栄えたが、鉄を発見し製鉄技術を発明し、鉄器、そして鉄剣などの武器を製造し地域の覇者となった。鉄の発明は紀元前1200年頃とされ、やがてシナから日本へも伝わる。それまでにも日本は朝鮮半島南部に任那府を設置しており、当時の貿易目的は鉄塊の入手だった。『魏志倭人伝』には倭国の弓矢に木材（とくに竹）、石材や動物の骨を利用したものに混ざって鉄弓もあると書かれている。

西暦六世紀の筑紫磐井君《つくしのいわいのきみ》の「反乱」と、その鎮圧は、大和朝廷の半島との貿易一元化である。中央集権を目指した大和朝廷は貿易外交の二元化状態は排除しなければならなかった。磐井君は北九州の広域を治めた豪族で現地人からは慕われていた。大和朝廷からは大伴金村《かねむら》と物部麁鹿火《あらかび》が派遣された。

農耕目的だった鉄器が武器に利用され戦争の道具として活用されるのは古代中国であり、弥生時代に夥しい帰化人たちが製鉄、鍛造技術を運び込んだ。弓は木製から石鏃、鉄も使用されるようになった。

鉄器はヒッタイトからペルシア、アフガニスタンを越えて河西回廊から長安にもたらされた。直接的な大事件とはアレキサンダー大王の東方遠征でありサマルカンドからインド亜大陸を跨ぐ大帝国が出現、シルクロードの原型ルートが開拓された。アレキサンダーはギリシアのマケドニアの人である。

始皇帝は鉄器による農業生産の飛躍と土木工事の効率化が鉄利用で可能なことを知って活用する。秦の始皇帝が初めて統一王朝を開いたのは鉄器の独占による。それまでは青銅器が主流で、鉄器や鉄剣がシナに輸入されたのは紀元前四世紀後半と推定され、ヒッタイトの発明からおよそ八百年後である。

日本で本格的な産金は聖武天皇の大仏開眼の時代である。戦国時代の織田信長は砂金を部下の報奨に使い、さらに鉱山を独占し、小判を作り始めるのは秀吉以後である。それまで通貨は銅銭が主だった。

文化にぬきんでた日本だったが、文明の遅れ、とくに武器の未発達は地理的な条件による遅滞が原因だった。

第五章

日本史における藤原氏の千年
藤原北家はなぜ生き残れたか

藤原一族のものがたり

藤原道長は早くしてまつりごとを実際に司る内覧《ないらん》の立場を得た。姉の詮子《せんし》が強く天皇に推挽《すいばん》したからだった。

内覧は摂政と同格の政治的位置であり、かつ意思決定に影響力を行使できる立場である。しかし道長は独裁に走らず常に合議を旨とした。道長は父の兼家が構築した政治権力を継承したものの摂政政治の本質からは距離を置いたのだ。

「ミネルヴァのフクロウは夕暮れ時に飛び立つ」

思想家のヘーゲルが書き残している。

「人間の心は、何者かを信ずる必要がある。信ずべき真実がないとき、人は嘘を信ずるのである（中略）。人びとが瞑想へと誘われるとき、世界の行く末について、私は立ち止まって思索する。すなわち、この世界では私の隣人たちが想像上の空間のあちこちを巡り、何のためにに、またどこへ向かうのか誰も知らないのを目にするときに。すべての人が死ぬために生まれ、ただ生まれたというだけのために死ぬのを見るとき、それにこの地上のあちこちで皆が探し求める真実は常に遠く離れたところにある」（マリアーノ・ホセ・デ・ラーラ著、安倍三﨑訳『ラーラ　愛と死の狭間に』、法政大学出版局）

藤原道長が初期に野心を包み込み、出しゃばる姿勢をとらなかったのは、ことあるごとに邪魔をした藤原伊周《これちか》の存在だった。伊周は甥で道長より九歳も年下だったにもかかわらず出世欲の権化だった。そのうえ伊周の妹・定子が中宮であったため、いきなり内大臣、父・道隆の死後、道兼が七日間の摂政で急逝し、当然のように次を狙ったが、「長徳の変」（花山院襲撃事件）で失脚した。

これで道長に正面から刃向かう者はいなくなった。野心剝き出しで出世を急ぎすぎた伊周の自業自得だった。

権力を縦横に行使したのは道長というより息子の頼通であり、道長の死後である。

最年少の摂政は道長の子、頼通

藤原頼通が道長を超えて藤原北家の全盛を築いた。従一位、摂政、関白、太政大臣、准《じゅ》三宮《さんごう》（太皇太后宮、皇太后宮、皇后宮に準ずる優遇）である。

一条天皇の下で内覧兼左大臣となった道長には左大臣源雅信の娘・倫子《りんし》と左大臣源高明の娘・明子《めいし》の二人の妻がいた。正室倫子の長子ゆえに頼通は当初から嫡流として育てられ、権妻明子の子らは出世が遅れた。

頼通は長保五年（１００３）にまだ右も左も分からない十二歳のときに正五位下。寛弘三年（１００６）、十五歳にして従三位に叙せられた。七年後に権大納言に任ぜられる。長和五年（１０１６）、道長の圧力で三条天皇が敦成親王に譲位すると、外祖父の道長が摂政となった。翌年、頼通は摂政の宣下を受けた。このとき僅か二十六歳、最年少の摂政だった。

寛仁三年（１０１９）関白、治安元年（１０２１）に左大臣。藤原頼通は有職故実に通じた小野宮流の藤原実資に師事した。道長の批判者だった藤原実資は、父はともかくも頼通に好意を持ったことは『小右記』で明らかだ。

万寿四年（１０２７）、道長が薨じ、その半年後、関東で平忠常の乱が起こる。鎮圧に三年を要し、乱鎮圧の殊勲は源頼信だった。清和源氏が関東に勢力を持ち、武士が本格的に表舞台に登場するのは武断政治が必要となったからだ。

永承六年（１０５１）、今度は陸奥国で前九年の役が勃発する。その乱を横目に頼通は豪華絢爛な高陽院《かやのいん》を御所に隣接した地に造営し、永承七年三月には平等院鳳凰堂を改修するほどに余裕があった。

平等院を拝観するとその荘厳さ、庭と池を囲む木々との調和、日本的美の典型に感動する。しかし徐々に国家財政が危機的状態となり頼通は荘園整理令に着手するが失敗した。

藤原道長同様に延久四年（１０７２）に頼通は出家。延久六年（１０７４）、八十三歳で薨去した。摂関政治の全盛期をともに担ってきた姉の上東門院彰子、弟教通も同年から翌年にかけて相次いで薨去、白河天皇が応徳三年（１０８６）上皇となり初めて院政を敷いた。

頼通は和歌に優れ、『後拾遺和歌集』など勅撰和歌集に十四首が選ばれている。

藤原頼通は藤原北家、摂政太政大臣となった藤原道長の長男。官位は従一位、父のポストを継いで摂政、関白、太政大臣を後一条天皇、後朱雀天皇、後冷泉天皇の治世で半世紀にわたって務めた。彼こそは藤原一族の全盛時代を築いたのだ。

だが藤原頼通の時代に刀伊の入寇、平忠常の乱、前九年の役など小規模な戦乱が頻発し摂関家のパワーは衰退へ向かった。やがて院政となり、武士が台頭する時代へと移る。

頼通の時代は父の道長が「右肩上がり」の時代だったとすれば、宇治平等院の建立をピークにまさに緩慢に権力が衰微してゆく「右肩下がりの時代」だった。子宝に恵まれなかったことも要因のひとつである。

頼通が残した歌に、

「いとどしく春の心の空なるに
　又花の香を身にぞしめつる」

「そらならばたづねきなまし梅の花

まだ身にしまぬ匂ひとぞみる」

「有明の月だにあれやほととぎす
　ただ一声のゆくかたも見む」

などがある。

藤原氏の栄華は仏教と伴走した。

これまでの視座からアングルを移し、藤原レジームの歴史的な意味を考察してみる。

三世紀から六世紀に全盛を極めた豪族や天皇の古墳が突如廃れた。六世紀半ばに渡来した仏教の急速な拡がりによって日本人の信仰のあり方、威信財の意味が変わり、まつりごとの統治スタイルが仏教風に変化した。皇族の葬儀は殯宮《もがりのみや》の儀式を簡素化し、火葬となる。

仏教は「文明先進国」を自称したシナから朝鮮半島を経由して伝わった。

たまたま「先着地」に過ぎないのに半島と大陸がなんだか先進的、進歩的と認識された。

誤認だった。

仏教の根源がインドで、ネパールからチベットを経由した過程を知らなかった。釈迦は現在のネパールのルンビニに生まれ、インドで布教した。三蔵法師がその淵源をたどりサンスクリット語の奥義を得ようとしたのが『西遊記』である。

弥生時代の集落は家屋や倉庫を高い塀で囲み、周囲に壕を深く掘り、有力な豪族となると壕を二重にして強固な軍事城塞が特質でシナ風である。典型は吉野ヶ里遺跡で、戦争に備え始めたという意味は、のどかで平和だった縄文的特色が激変したことである。縄文時代に環濠集落はなかった。

縄文人が原日本人であり太陽と月、光と暗黒の世界で、しかし情操豊かに暮らした。医学も薬学もお粗末で疫病に免疫はなかったが、悪霊の祟り、呪詛が原因とされ、祈禱と薬草で処理した。それゆえ人々が原始的な宗教を信仰した。祈りの対象は磐座《いわくら》、山や川、太陽と火、木と水であった。

この古代神道の神祇界を牽引してきたのが中臣氏で、藤原一族の始祖とされる中臣鎌足は天智天皇から藤原姓を賜った。

この経緯は『続日本紀』や『藤氏家伝』にある。天智天皇は藤原姓を鎌足に与えたように見えるが、実は愛妾に産ませた庶子、不比等に迂回的に与えたのである。天智天皇の側室の子だったため不比等は「鎌足の次男」とされた。

弥生時代後期、西暦三世紀から六世紀末までに農業技術が飛躍的に改善され、海外との交易が盛んになって各地に栄えた豪族は競って古墳を造成した。

古墳造営にあたっての特徴は「神道」に基づく建築思想が支配的だったことである。そのうえ有力な豪族は古墳も深い壕で囲み、内部は迷路にした。盗掘を防御する目的があった。ピラミッドや秦始皇帝の陵墓をしのぐ規模の大仙陵古墳（伝仁徳天皇陵）は副官クラスの副葬品にも金製品が多数見られるほどに豊かだった。

古墳を競った豪族の時代は終わり、壮麗な寺の建立が主流に

六世紀中葉に仏教の渡来があり、やがて圧倒的な影響力を発揮したため七世紀前に古墳の造成がピタリと止んだ。かわって壮麗な寺院の建立時代になる。極楽は阿弥陀堂に設定され祈禱する対象は仏陀となる。

聖武天皇は各地に国分寺を建てさせた。仏教美術は世界に伍せる一流のアートである。大化の改新の立役者として中臣鎌足とともに蹶起した中大兄皇子（天智天皇）の御陵は近江京に近い京都山科にあるが、古墳ではなく壕も無い。前方後円墳という大和王朝特有の構造的特徴が消えた。豪族の陵が忽然と仏式要素を取り入れた陵墓に変化した。

日本人の精神のあり方が変わった。

天武天皇陵は飛鳥にあって小高い丘、やはり壕は無い。しかも后の持統天皇と合同陵で緩やかな丘陵を登る。つくりは簡素である。しかも持統天皇は夫・天武天皇の葬儀を仏式で行って火葬とした。それまでは皇族の葬儀は殯宮が営まれた。仏教を篤く信じた聖武天皇、光明皇后の御陵（奈良市内）にも壕は無い。仏教を篤く信じる天皇が現れて以後、古墳は静かに唐突に消えたのだ。

初期の古墳は地域を支配した豪族の長を悼み、追悼し、一族の団結を固めるシンボルでもあった。古墳は地域的王権の象徴であり、次の時代は、もっと国家的規模の中央集権的な国家運営に効率的な儀式、祭祀が必要になる。そこへ仏教が渡来した。聖徳太子から聖武天皇の御代に仏教は朝廷を席巻し、各地に荘厳な寺々が競って建立された。

蘇我氏がのし上がったのは、その財力と組織力を基盤として仏教を政治利用したからだ。蘇我氏は技術をもち文字が書ける帰化人を束ね、仏教を政治工学的な統治機構の運営に効率的に活用して勢力を拡げ、政治的な大飛躍を遂げた。国家財政を握った蘇我氏の出自は不明で葛城の地盤からでたという説もあるが、中西進が『天智伝』（中央公論新社）で明言したように帰化人とみて良いだろう。

六世紀後半、大和朝廷の内部で排仏派と崇仏派の対立が先鋭化した。勢いは仏教推進派の蘇我氏にあった。まさに朝廷の権威を軽視し、帰化人集団を駆使して蘇我氏は勢力を拡大し、あろうことか崇峻《すしゅん》天皇を暗殺し、天皇家の外戚として事実上、日本の支配者然と振る舞った。蘇我邸は甘樫丘《あまかしのおか》に造成され、天皇の宮よりも大きく、高い楼閣は大極殿を見下ろした。

「大化以後はまことに古代史における一大転換」だったのだが、「新時代の誕生は輝かしくはあったけれども、一面それは血と非情を代価として得た輝きであった」（中西進『古代史で楽しむ万葉集』、角川ソフィア文庫）

血と非情とをもって入鹿暗殺を実行した二人は中大兄皇子と中臣鎌足であり、蘇我氏から次の暗殺目標とされていた中大兄皇子の場合は、「やられる前にやれ」という切羽詰まった強い動機があり、鎌足の場合は神祇として伝統保守という歴史的な使命を認識している。

「鎌足の長男」とされる定恵《じょうえ》（浄恵）は孝徳天皇の愛妃「小足姫《おたらしひめ》」との間に生まれた皇子であり、「鎌足の次男」とされる不比等が天智天皇の御落胤であることは先にも見たが、不比等の母は天智の愛妃だった采女《うねめ》の安見姫だった。

また鎌足は額田女王《ぬかたのおおきみ》の姉、鏡王女に求婚した。額田女王はさきに大海人皇子の愛人だったが兄の中大兄皇子にゆずった。姉の鏡王女は鎌足が求婚したが、「玉くしげ　覆ふを安見　開けていなば　君が名はあれど　我が名し惜しも」と返歌を贈っている。賜妃（天皇が功臣に愛妃をあたえる）の習慣は古代史では常識だった

ところが慈円の『愚管抄』は馬子が物部を滅ぼした理由を「（物部）守屋等ヲコロスコトハ仏法ノコロスニハアラズ。王法ノワロキ臣下ヲウシナヒ給也」とした上で、蘇我馬子の崇峻天皇暗殺は「王法と仏法との融合のため」になされたと言ってのけた。

天台座主《ざす》だった慈円の仏教優越意識がその表現に濃厚に溢れている。ちなみに慈円は『小倉百人一首』で前大僧正慈円。父は摂政関白・藤原忠通、母は藤原仲光女加賀、摂政関白・九条兼実《かねざね》は同母兄にあたる。

蘇我氏の企みは政治実権の掌握ばかりか、天皇を飾りに置いて、新秩序を確立して新しい権威を誇示することだった。そのために仏教がまことに都合が良かった。

このパラダイムに聖徳太子の十七条憲法と冠位十二階制度がある。聖徳太子は蘇我の庇護下でまつりごとを担った。

崇峻天皇を暗殺しても平然としていた蘇我氏の言動はまさにユダヤ的であるとするのが田中英道『聖徳太子は暗殺された』（育鵬社）である。

聖徳太子とは、そもそも後世に冠せられた聖名であり、初出は『懐風藻《かいふうそう》』だ。この本邦初の漢詩集の序文に曰く。

「逮呼聖徳太子。設爵分官。肇制礼儀。然而専崇仏教。未煌篇章」

（聖徳太子と呼びはじめたのは官位を設定し礼儀を尊び仏教をもっぱら崇めたからで

ある）

『懐風藻』は天平勝宝三年（751）に編纂され、撰者は淡海三船《おうみのみふね》などの名前が挙がっている。三船はそれまでの歴代天皇の諱《いみな》を、たとえばカムヤマトイワレビコを神武天皇に、ハツクニシラスミマキイリビコイニエを崇神天皇と諱したように、すべて唐風の名前にして国風文化を軽んじた学者である。

崩御から129年後に、命名されたのが聖徳太子という名前である。

卑近な喩えで、令和五年から129年前といえば1894年（明治27年）、ちょうど日清戦争が開始された時代を振り返るような、歴史が濾過され、往時の出来事はやや美化され、追憶的な回想風になるという時間の経過を経ている。したがって聖者を意味する聖徳太子の名付け方にはそれまで日本に入っていたキリスト教ネストリウス派「景教」の影響が見られると田中英道教授はいう。ネストリウス派は東シリア教会ともいわれ、唐代に中国へ伝わったが、唐末に弾圧され消滅した。

日本に景教がどのように侵入したかの詳細は不明だが、田中英道は蘇我氏がネストリウス派の信者ではなかったのかとする。しかも聖徳太子の子孫たちをネストリウス派信者にしようとし、その陰謀が発覚したため山背大兄王《やましろのおおえのおう》（聖徳太子の皇子）は自殺に追い込まれ一族25名が殺されたのだとする。

聖徳太子の本名は厩戸皇子でもない。厩戸皇子なるはフランクフルト学派が戦後、それも1950年代になって命名した適当な解釈であり、イエス・キリストが馬小屋で生まれたことと関連づけた作為がある。

『古事記』では「上宮之厩戸豊聡耳命《かみつみやのうまやとのとよとみみのみこと》」とされ、『日本書紀』推古天皇紀では「厩戸豊《うまやとのとよ》聡耳皇子《とみみのみこ》」とされている。ほかに用明天皇紀では「豊耳聡聖徳」や「豊聡耳法大王」という表記がある。通称は「上宮《かみつみや》」だった。

聖徳太子が一度に十人の言い分を聞き分けたという伝説は「豊耳」でわかるが、多くの方言や漢語発音を聞き分ける能力があったという意味だろう。

蘇我馬子は自分の言うことを聞かなくなった崇峻天皇が邪魔となって、帰化人をそそのかして暗殺させ、その下手人も殺した。仏教に反対した物部守屋一族を葬った。この「帰化人」は常識的には朝鮮半島かシナ大陸から渡来した外国人と認識されるが、「蘇我氏はユダヤ系だった」と田中前掲書が意表を突く推定をしている。

しかも蘇我馬子はネストリウス派の信者で聖母マリアは信じない、磔刑のキリストの蘇生があると考える人物だったとする。歴史家でここまで断定的に言った人はいない。

明治時代の歴史家・久米邦武が「記紀編纂時、すでに中国に伝来していた福音書の内容などが日本に伝わり、そのなかからイエスキリスト誕生の逸話が貴種出生譚として聖徳太子伝説に借用された」とした。久米は岩倉使節団に加わって旅行記をまとめ、晩年は早稲田大学教授を務めた学者である。

聖徳太子の入滅後二十年の間に山背大兄王らが殺害され、秦河勝《はたのかわかつ》は奈良を脱出して明石へ逃げた。『日本書紀』は、秦河勝の先祖は四世紀頃に百済を経由して日本へ帰化した有力氏族の長、弓月君《ゆづきのきみ》の直系子孫としている。秦河勝は聖徳太子に協力して国造りに貢献し、朝廷の財政に関わって四天王寺の建立や運営を賄った。また芸能の神として信仰され、申楽《さるがく》（猿楽）、能楽の始祖とされている。京都市右京区西京極に川勝寺跡があり近隣に「秦河勝終焉之地」の碑がある。その後、秦河勝は蘇我氏と敵対した。

蘇我氏の崇仏は政治手段であり、純粋な信仰でなく偽善である。日本の史書は蘇我氏を伝説上の武内宿禰《たけうちのすくね》の末裔としてきたが、おそらく襲名したユダヤ系ではなかったのかと田中教授は推定を繰りかえす。

武内宿禰は一説に360歳（『因幡国風土記』）、あるいは295歳（『公卿補任《くぎょうぶにん》』）、あるいは280歳（『水鏡』）とノアの850歳には及ばないまでも信じられない長寿だった。『古事記』は武内宿禰が巨勢《こせ》、蘇我、平群《へぐり》、紀など27氏の祖としており、忠臣の代名詞を襲名していたので長生きとされたのかもしれない。神功皇后の三韓征伐に武内宿禰が主要な役を果たした。

聖徳太子は蘇我氏から離れたかった

聖徳太子は飛鳥を離れ斑鳩《いかるが》に法隆寺を建立する。

これは何を意味するか？　聖徳太子は保護を受けた蘇我氏から離れようとしていたのではないのか。聖徳太子は「和の精神」を説いた。仏教を崇拝するが、古来から日本の神道を敬えとしており、神仏混合の基礎を培った。

しかし神道派の物部氏を殲滅するなどの暴力路線の蘇我氏は和の精神など屁とも思わない覇権主義丸出しだった。蘇我氏はすこしも日本人的ではない。こういう危険人物をのさばらせては国が滅びるという危機意識から中大兄皇子は立ち上がった。乙巳の変で蘇我氏は誅《ちゅう》せられた。

この乙巳の変という軍事クーデターが成功していなければ日本にキリスト教が這入り込んで「日本は独自の文化が育まれず、西洋のような国」にならい「ユダヤ人たちに支配され、ユダヤ人と同じ神を拝むようになっていた」かもしれない（田中前掲書）。


その後、壬申の乱に勝利した天武天皇の国風政治が始まった。

天武天皇は遣唐使を一時中断し、『古事記』と『日本書紀』の編纂を命じ、和同開珎の発行を企画し、日本統一を前進させた。志半ばにして天武天皇は斃れ、皇后の持統が仏教的な儀式に戻した。

その後、持統天皇に取り入った藤原不比等が台頭した。中臣鎌足を祖とする藤原一族の興隆があり、藤原南家は蘇我氏とかわらない陰謀と暗殺で政治を壟断し、陰謀と殺戮に明け暮れ、八世紀に傍若無人だった藤原仲麻呂が討たれてようやく政権が藤原北家の摂関政治に移行した。

日本に泰平の世が訪れ、恋の歌にうつつを抜かし風流を愛でるゆとりが生まれた。藤原北家の摂関政治時代、凄惨な殺戮劇は少なく、驚くなかれ、死刑の無い平和国家を実現させていた。

乙巳の変の結果は中臣鎌足の企図からは大きくずれて崇仏路線を継承し発展させたのだから皮肉だった。明治維新とて攘夷を訴えた志士が断髪し洋服を着始め、武士の誇りとした刀を捨てて鹿鳴館で踊った。攘夷はどこかへ消えていた。

藤原氏の始祖とされる藤原鎌足は常陸の国・鹿島の出身、中臣氏を名乗ったのは天児《あまのこ》屋命《やねのみこと》の末裔とされるからで古代から天皇家の儀式を担った。中臣氏には歴代天皇の祭祀を担ってきた名家という誇りがあった。

鎌足の最初の思惑は外れた。見込んだ軽皇子《かるのみこ》（後の孝徳天皇）はたいした器量も無く、凡庸で、そのうえ妊娠中の愛妃を下げ渡された。鎌足の長男とされる定恵（浄恵）である。軽皇子は中臣鎌足が邸にくると別棟に案内し、寵妃に夜伽《よとぎ》をさせた。そこまで軽皇子は鎌足を買っていて、歓待の限りを尽くした。『日本書紀』が言う。

「乃《すなわ》ち寵妃阿倍氏を使ひたまひて、新しき寝床を高く敷きてつぶさに給《つ》がすといふことなからしめたまふ」

『藤氏家伝』はこう書いた。

「寵妃をして朝夕侍養せしめ、居処飲食、はなはだ人と異なる」

この鎌足の「長男」は次期皇統をめぐる状況下で危険にさらされる懼《おそ》れあったため僅か十一歳にして唐へ留学させる。十年ほど唐土に留まり、帰国してもやはり邪魔な存在とみなされて排除された。史書は早世の原因を曖昧にした。『藤氏家伝』は百済の僧が嫉妬して毒殺したと書いている。本当のことを隠蔽したのだ。

中臣鎌足が次に指導者として見いだしたのが決断力に富む中大兄皇子だった。蹴鞠《けまり》の場所で遇会したという設定に後世の史書は物語を組み立てた。脱線だが蹴鞠は飛鳥時代から日本の優雅な室外競技で、サッカーの源流ともいわれる。けれどもサッカーのルールとはまったく異なり、蹴鞠は競技参加者が輪になって球を蹴り合うが、お互いに蹴りやすい位置へ球をもっていき、なるべく長く足下で落とさないように保ち、結局全体の和を競うのである。サッカーのような攻撃性は無い。蹴鞠の伝統は現代も生き続けており、

蹴鞠が行われた庭。優雅な球技はいまも生き続けている

毎年正月には賀茂神社で平安の衣装を着た伝統継承者によって行われる。シナと異なる和の協調性が蹴鞠の精神である。

藤原鎌足の「次男」不比等は天智天皇が妊娠中だった愛妃のひとりを下げ渡し、生まれた皇子であることはみた。藤原不比等は天武天皇がみまかり、天武の皇后だった鸕野讃良皇女《うののさららのひめみこ》（のちの持統天皇）の御代になると、中央政界に躍り出た。不比等が鎌足の子供ではなく天智天皇の落胤だったから持統天皇は側近としたのだ。

かくて鎌足の「次男」（藤原不比等）は政治中枢に忽然とはいり込んだのであ

る。
不比等が藤原道長の父祖である。

聖徳太子も新羅出兵直前だった

鎌足の時代、すでに仏教は朝廷でまつりごとの中軸となっていた。神祇伯だった中臣氏にとって神道が軽んじられる雰囲気に鬱勃とした不満が昂じていた。その半世紀前、推古天皇時代に摂政だった聖徳太子が直面した外交難題はシナ大陸と朝鮮半島から吹いてくる軍事的脅威に、いかなる外交を展開して危機を乗り越えるかだった。それまでにも大和朝廷は朝鮮半島に出兵を繰り返していた。それゆえにかなりの軍事力があり、また戦争にも馴れていた。

高句麗は唐に面従腹背で武装を整えていた。高句麗は遊牧系で悍馬を駆使し凶暴な戦闘を得意とする騎馬民族である。虎視眈々と百済と新羅制圧を窺っていた。したがって新羅も百済も高句麗の脅威を前にシナに朝貢し、守ってもらう必要があり、それぞれが腰を低くしてシナの王朝に臣従する。半世紀後に百済は滅亡する（660年）。すると新羅は高句麗の脅威を低減するために唐と結ぶ必要性が継続した。新羅は日本にも御機嫌宜しくと朝貢を擬装した外交使節を頻繁に送り込んだ。

国内的には物部vs蘇我が宗教をめぐって鋭角的対立を続け、仏教を認めるか、否定するかの内戦が起こった。鉄器を武器とする蘇我氏に敗れた物部氏は四方八方に散った。物部一族の一部は石上《いそのかみ》氏を名乗った。物部神社が新潟、富山など古志国《こしのくに》ばかりか甲斐、尾張、近江、出雲、播磨など全国に目立つのはそのためである。ニギハヤヒとその子、ウマシマジが主神の神社はほとんどが物部系の神社である。ニギハヤヒはニニギノミコトより先に天孫降臨した。物部氏は天孫降臨に随伴してきた。

隋の煬帝《ようだい》は東西南北に破天荒な運河を開拓し、流通拡大の道筋をつける革新的な皇帝だった。

交易、商業の重要性をよく理解していた煬帝は万里の長城の修復工事も同時に敢行し、軍拡と土木プロジェクトに巨費をぶちこみ、加えて高句麗との戦争である。煬帝は軍事的野心にも輝き、まつろわぬ高句麗に三度、出兵した。そして連戦連敗、国力を弱めて暗殺され、隋王朝は唐に乗っ取られる。

聖徳太子はこうした情勢を正確に見極めていたとは思えないが、それなりの情報が高句麗と百済から入手できた。聖徳太子の師は高句麗からきた慧慈《えじ》だった。

聖徳太子は隋朝末期に使いを送り、その国書に「日出ずる処の天子、書を日没する処の天子に致す。恙なきや」と書いた。書を怪しんだ煬帝は帰りの船に裴世清《はいせいせい》ら十三名の使者を同行させて視察のために日本へ派遣した。

二回目の遣隋使でも使者となった小野妹子は「東の天皇、敬《つつし》みて西の皇帝に曰す」で始める国書を持参した。「日出処天子」は「東の天皇」に改まっていた。「天皇」の初出である。

当時の国際関係を振り返ると、日本の宿敵は新羅、これを討つには隋と同盟する必要があった。しかも隋と日本は対等な関係でなければならない。それが「日出処天子」とややもすれば居丈高な文面に表れた。

天下を睥睨した蘇我氏を退治した天智天皇は白村江の闘いで唐が新羅応援で出兵した水軍に敗れるという失態を演じた。敗戦後、明日にも新羅が攻めてくるのではという強い脅威を感じていた。このため北九州は大宰府に水城《みずき》を築城し、近畿にいたる各地に二十二もの堅牢な城塞をつくり、近江に遷都した。

天智天皇は中臣鎌足に藤原姓を与え、下げ渡した愛妃が男子を産んだことは述べた。つまり天智は我が子に藤原姓を与えたと同義であり、鎌足はその強い結びつきで大和朝廷で権勢を振るえたのである。

藤原一族の飛躍的な興隆は藤原不比等に因り、不比等の子供たち「藤原四兄弟」はやがて父を超える専横を極めた。四兄弟は邪魔となった長屋王一族、橘諸兄《たちばなのもろえ》の子、奈良麻呂らを謀殺し、向かうところ敵なしとなった。藤原南家の権力志向のパターンは蘇我氏と同じなのである。


天智天皇の薨去から半年後に古代史最大の内戦「壬申の乱」が起こる。

天智天皇十年（西暦671年。この期間だけ元号制定がなかった）、迫り来る死を悟った天智天皇は息子の大友皇子を太政大臣とした。蘇我赤兄を左大臣に中臣金を右大臣に任命した。中臣鎌足にはそれ以前に「藤原」の姓をあたえ藤原一族の尊重を示唆した。ついで天智は同母弟の大海人皇子を招いた。

大海人皇子は皇位継承を謝絶して出家を申し出るとともに、倭姫王《やまとひめのおおきみ》（天智の后）の即位による大友皇子の輔政を提案した。この時点ではもっとも無難な選択だった。大海人皇子は宮殿内仏殿において剃髪、翌々日には吉野での隠棲を願い出て武器を差し出し、慌ただしく吉野へ入った。

後世、尊皇攘夷の魁《さきがけ》として皇国史観の源流ともなった北畠親房《きたばたけちかふさ》の『神皇正統記《じんのうしょうとうき》』において「壬申の乱」の記述は僅か十行である。「恵美押勝の乱」（藤原仲麻呂の乱）に至っては只の一行だ。

大海人皇子が天智天皇後継の大友皇子を滅ぼした「壬申の乱」を北畠親房はおそらく嫌ったのだろう、こう書いた。

「（大海人皇子は）太子の位をみづからしりぞきて、天智の御子太政大臣大友の皇子にゆづりて、芳野宮（吉野宮）に入給。天智かくれ給て後、大友の皇子猶あやぶまれけるにや、軍《いくさ》をめして芳野ををそはむとぞはかり給ける。（のちの天武）天皇ひそかに芳野をいで、伊勢にこえ、飯高の郡にいたりて太神宮（伊勢神宮）を遥拝し、美濃へかゝりて東国の軍をめす。皇子高市まいり給しを大将軍として、美濃の不破をまもらしめ、天皇は尾張国にぞこえ給ける。国々したがひ申ししかば、不破の関の軍に打勝ぬ。則《すなはち》勢多（瀬田）にのぞみて合戦あり。（大友）皇子の軍やぶれて皇子ころされ給ぬ。大臣以下《いげ》或は誅にふし、或は遠流せらる」（『神皇正統記』、岩波文庫版）

北畠親房の認識では、天皇親政か、そうでないかが評価の分かれ目であり、皇位継承を巡る内乱に関しては冷ややかにみている。なにしろ壬申の乱から八百年後に『神皇正統記』が書かれ、これが南朝史観として確立し、水戸光圀の『大日本史』となるのだが、それはあとのはなしだ。

南朝はかなりの程度フィクションで松本徹（近畿大学名誉教授。三島由紀夫文学館前館長）は南朝は存在しなかったと大胆な説を展開した。『季刊文科』（令和四年冬季号）に発表の「南北朝は成立しなかった」がそれだが、本書のテーマとするところではないので別の機会に譲る。

戦後の史家が壬申の乱を「皇位簒奪」とみるのは後智恵、というより浅智恵である。天皇に皇子が生まれると皇太子となるという皇位継承の常識は飛鳥時代には無い。基礎的なルールがでたのは「壬申の乱」が終わって天武天皇がみまかり、未亡人となった持統天皇からである。しかしながら原則は原則であって、長子継承が尊重されたものの、たとえ立太子しても途中で事情が変われば暗殺されたり、廃嫡されたりの政争は続いた。

壬申の乱という古代史最大の内乱は親中路線を驀進し新羅出兵を考えていた大友皇子を、国の基本を誤る危険とみて立ち上がった闘いだった。すでに鎌足はこの世にはいない。藤原不比等はまだ政界にデビューしていない。

つまり天智亡き後の近江朝が百済の亡命貴族等に占拠され、新羅との戦争を準備したことへの反対行動、文化防衛の闘いであった。あまつさえ大友皇子は天皇に即位していなかったから「皇位簒奪」という戦後の解釈は無理筋である。大友皇子を「弘文天皇」と諱し、皇統譜に入れたのはじつに千二百年ののち、明治九年である。

壬申の乱で大友皇子を滅ぼした天武天皇は飛鳥へ遷都し直し、近江京を廃棄した。唐風の都市構造はそぐわないと思ったのだろう。爾後、遣唐使派遣を三十七年も断絶させ、加えて天武天皇は国史を編纂せよとし『古事記』『日本書紀』を発企する。国風重視が基本にある。

壬申の乱で近江側についた中臣金は斬られた。これで中臣氏の直系血族は絶え、鎌足が賜った「藤原姓」は不比等の台頭を招き、藤原一族の栄華に繋がる。

天武天皇がみまかると、華々しい活躍をする女傑、持統天皇が権勢をふるった。

天武の崩御が急であったため、持統天皇（このときは天武皇后）は繋ぎの役を務める臨時天皇代行、すなわち「称制《しょうせい》」をなして律令を取り入れた。藤原京遷都を敢行し、夥しい執務をこなし、なおかつ天武天皇の葬送儀式には仏教的要素を取り入れた。

「称制」とは天皇崩御、もしくは譲位ののち事実上の天皇として政務を執ることを指す。天武皇后（鸕野讃良皇女）は天武天皇崩御から四年を称制、持統天皇四年（690）に即位した。

なぜそうなったかと言えば、甥の大津皇子が誣《し》いられ、最愛の息子だった草壁皇子が立太子となるが急逝、それではと後継をみれば、孫の珂瑠皇子（草壁皇子の嫡男）はまだ七歳だった。当時は「譲位」の概念も制度も確立されていない。しかも不文律で天皇の即位は三十歳になってからという習慣があった。持統天皇はそれまでのしきたりを破り十五歳のときの珂瑠皇子（後の文武天皇）を立太子とし、譲位する手続きを踏んだ。

天武天皇の御代に国号は「日本」となった。遣唐使が「国号・日本」を正式に唐に通達したが、女帝の則天武后《そくてんぶこう》は異を唱えなかった。

明治天皇の勅諭に「祖宗以来尚武の国体、其れ神州の武を以て治むるや固より久し」とある。これは天武天皇の詔勅「まつりごとの要は軍事にあり」に繋がる。

藤原鎌足と子供たち

『藤氏家伝』が中臣鎌足から始めるのは当然である。そういう系譜を造作したのだ。この『藤氏家伝』にしたがって、藤原の視点からもう一度過去を辿ってみる。

そもそも中臣連は天児屋尊《あめのこやねのみこと》を遠祖とし、瓊瓊杵尊《ににぎのみこと》の天孫降臨に随伴して（ニギハヤヒに随伴したとする説もある）、五穀豊穣を祈る神儀を担ってきた神祇名流だった。

欽明、用明天皇期あたりから中臣氏は古代からの神道の擁護者だった。伝統を守護する立場である。伝統を軽んずる仏教によって蘇我氏の汚れた政治の刷新を実現するために鎌足はクーデターの旗頭を探していた。拝仏派で帰化人を束ねていた蘇我氏の専政をゆるせなかった。鎌足から見れば蘇我氏は仏教を政治武器として活用している野心家という認識であり、それが日本に伝統破壊をもたらすであろう悪影響を懸念した。

『大鏡』の舞台設定に使われた雲林院

鎌足の思惑とは異なって中大兄皇子にとっては蘇我氏の専横への義憤というよりもいずれ自分が奴らにやられるという脅威が目の前にあった。両者の思惑は異なったのである。

偶然の出会いがあって中大兄皇子は中臣鎌足の政治刷新への熱意と意気投合した。秘密会議を繰り返し謀《はかりごと》の仲間を増やした。これが「乙巳の変」の思想的な本質であって現代日本の歴史家は意図的にこの部分の考察を怠たり、「乙巳の変」が大化の改新への突破口となって結果的に大宝律令制定へ繋がって効果を上げたという社会工学的な、あるいは社会構造の改革を前向きに評価する。一方で文化防衛という精神的な側面は軽視する。

『藤氏家伝』が一行も言及していない大物は藤原不比等である。不比等は天智天皇の御落胤であることは『大鏡』にも明確に記されている。

『大鏡』は後世に成立した歴史物語で、京都の雲林院《うんりんいん》に老人三名があつまって昔話をするという設定。雲林院は当時から場所を移動し規模も縮小しているが京都の西北、建勲《たけいさお》神社近くに残存している。藤原道長もこの寺に参詣した記録があり、『大鏡』が次のように明記している

「藤原氏の末裔から多くの天皇・皇后・大臣・公卿がさまざまにお出になりました。さて、この鎌足公を、天智天皇がたいそうご寵遇あそばして、ご自分の女御を一人、この大臣にお譲りになりました。そのとき、その女御が普通のお身体でなく、ご懐妊している子が、男ならば大臣の子としよう、女ならば自分の子にしようとお考えになって（中略）、じつは天智天皇の皇子で、表向きは『鎌足公の次男』におなりになったのです」（全現代語訳＝保坂弘司、講談社学術文庫）

不比等の長男が武智麻呂で左大臣、次男は房前《ふささき》で参議に。不比等の媛のうち「宮古姫」（宮子）が文武天皇の夫人となり、安宿媛《あすかべひめ》が聖武天皇の女御（光明皇后）となる。

不比等が史書に登場するのは三十一歳のときで、それまで彼が何をしていたかは空白。また藤原史《ふみ》と記載されており、不比等のような不世出の英雄を意味する名前ではない。世に出すのを遅らせたのは鎌足の配慮であろう。『藤氏家伝』に不比等嫡孫の藤原仲麻呂に一行の言及も無いのも仲麻呂自身が編纂に参画していたからだ。

いわゆる「藤原レジーム」とは鎌足を始祖と設定したうえで、事実上は藤原不比等から本格化した。鎌足は神祇伯（この時代は「伯」がつかなかった）。仏教を排斥する立場から乙巳の変の後は神仏習合にスタンスを変えたものの『藤氏家伝』にあるような仏教を信仰した形跡はない。

だが、『藤氏家伝』はこう書いた。

「（斉明天皇が病に伏すと鎌足は）心の底から危惧し、神に祈り、また御仏にすがって、熱心に天皇の長寿を願った。すると玉に彫られた仏像〔璧像〕が腕を伸ばして鎌足の頭をなで、観音菩薩が鎌足の夢に託して中空に現れた。聖なる奇瑞《きずい》があるべき所

に現れる」（沖森卓也ほか現代語訳『藤氏家伝』、ちくま学芸文庫）

後智恵による作文にしても神祇官が仏様にすがる？　明らかに後世の後智恵である。藤原不比等からの藤原氏は仏教を篤く敬うようになって中臣氏の思想的立場からは遠ざかった。この宗教思想の隔たりをみても鎌足と不比等には血のつながりはないことが浮かばないか。

不比等は娘たちをつぎつぎに天皇家に入内させ、文武天皇の皇后となった宮子が首皇子《おびとのみこ》（のちの聖武天皇）を産み、また犬養三千代との間にできた安宿姫を首皇太子妃（のちの光明皇后）とし、その孫が阿倍内親王（のちの女帝＝孝謙天皇）となる。こうして政略結婚によって権力基盤を構築し、屈指の政治家となるのである。「わが世」を謳った藤原道長もひたすら天皇の外戚を狙い、遠祖のパターンを踏襲したのである。

不比等の四人の男子が南・北・京・式家をたてた。すなわち長男の武智麻呂が南家を、次男房前が北家を、三男宇合が式家（宇合は遣唐大使にもなった）、四男麻呂は京家を立てて「藤原四兄弟」による準独裁政治が確立した。しかし藤原氏は蘇我氏がそうであったように皇位継承者候補として有力だった皇子たちをつぎつぎと排除したので四兄弟は長屋王の祟りとされる疫病にかかりつぎつぎと死んだ。当時の記録から天然痘に罹患したようである。

藤原不比等の躍進は持統天皇との二人三脚からはじまった。

藤原南家が顕著に突出したが、最後に非業の死を遂げる藤原仲麻呂が出た。式家からは広嗣（北九州で反乱を起こし斬）、種継（長岡京造成のおり暗殺）がでた。

藤原南家は仲麻呂の反乱により衰退するが、ほかは逞しく生き残り十三世紀以後には摂関家となって藤原忠通が近衛、鷹司、九条、二条、一条という五摂家の祖となる。昭憲皇太后は一条家の出身。大正天皇の母親である。大正天皇后（貞明皇后）は昭和天皇の母。九条道孝令嬢。一夫一妻制で最初の皇后陛下であり、藤原氏から立后した最後の皇后である。

「海ゆかば……」

藤原仲麻呂の乱で藤原南家は衰亡した。しかし藤原北家は存続、むしろ勢力を拡大し、まつりごとの推進役が本格化した。

藤原種継《たねつぐ》は桓武天皇から長岡京造宮使に任命され、遷都プロジェクトの責任者となった。ところが藤原種継は延暦四年九月に矢で射られ暗殺された。桓武天皇が留守中の事件で、「犯人」として大伴一族ら多数が斬首となった。直前に死去していた大伴家持《やかもち》にも累が及んだ。真犯人は不明である。推理小説の犯人当ては、あとで一番得をしたのは誰か、だろう。種継が不在となって最も裨益したのはじつは桓武天皇である。

そもそも天皇を護衛する大伴家は言立てで「海ゆかば」を残したように天皇に弓引くことは考えにくい。家持は、一編の長編の歌を作り、天皇の期待に応えた。

この歌の中には、大伴氏の伝統を背負った家持の尊皇意識が鮮やかである。

「陸奥国より金を出だせる詔書を賀く歌一首、また短歌

葦原の　瑞穂の国を　天下り　知らしめしける　すめろきの　神の命の　御代重ね
天の日継と　知らし来る　君の御代御代　敷きませる　四方の国には　山河を　広み
厚みと　たてまつる　御調宝《みつき》は　数へ得ず　尽くしもかねつ
然れども　我が大王の　諸人《もろひと》を　誘ひ賜ひ　善きことを　始め賜ひて　金《くがね》かも　たし

けくあらむと　思ほして　下悩ますに
鶏が鳴く　東の国の　陸奥の　小田なる山に　金ありと奏《まう》し賜へれ
御心を　明らめ賜ひ
天地の神　相うづなひ　皇御祖《すめろき》の　御霊助けて　遠き代に　なかりしことを　朕《あ》が御
代に　顕はしてあれば　食《を》す国は　栄えむものと　神ながら　思ほしめして
もののふの　八十伴《やそとも》の雄《を》を　まつろへの　むけのまにまに　老人《おいひと》も　女童児《めのわらはこ》も　しが
願ふ　心足らひに撫で賜ひ　治《をさ》め賜へば
ここをしも　あやに貴《たふと》み　嬉しけく　いよよ思ひて
大伴の　遠つ神祖《かむおや》の　その名をば　大来目主《おほくめぬし》と　負ひ持ちて　仕へし職《つかさ》
海行かば水漬く屍《かばね》　山行かば草生《む》す屍
大王の辺《へ》にこそ死なめ　かへり見はせじ
と異立《ことだ》て
大夫の　清きその名を　古よ　今の現に　流さへる　祖の子どもそ

大伴と　佐伯の氏は　人の祖の　立つる異立て　人の子は　祖の名絶たず　大君にまつろふものと　言ひ継げる　言の官《つかさ》ぞ
梓弓　手に取り持ちて　剣大刀　腰に取り佩き　朝守り　夕の守りに
大王の　御門の守り　我をおきて　また人はあらじ　といや立て　思ひし増さる大君の　御語の幸の　聞けば尊み」

この時代は王宮と豪族と坊主たちの陰湿な、どろどろとした権力闘争が展開された。有馬皇子、長屋王、穴穂部皇子、大津皇子、早良親王らの殺害が連続した。遷都に反対する勢力が放火など露骨な妨害をしたため長岡京は十四年間で廃都となり平安京へ遷都した。桓武天皇は長岡京建設も束の間、方角占いによって東北へ変更した。京への遷都は和気清麻呂が建議した。地政学的に京都のほうが守りやすいと判断されたからだった。

長屋王始末は藤原四兄弟の陰謀に因る。神亀六年（７２９）二月に起きた。『続日本紀』などによれば、密告があり長屋王に対して急な取り調べが行われ、厳重に邸宅を捜索し、王妃の部屋から呪術の器財などを発見、事実を鋭く追及した。王妃吉備内親王が妖術に凝っていた「証拠」なるものが出てきた。あらぬ疑いと抗弁したものの二月十二日に長屋王は自裁した（自殺に見せかけ殺されたのだろう）。長屋王の妻子ら（吉備内親王、膳夫王、桑田王、葛木王、鉤取王等）も首を括って死んだ。

つまり長屋王とその子供達は皇位継承権の最強の位置にあったため突如、排除された。藤原四兄弟の策謀により聖武天皇系に皇位継承が移行した。

長屋王は天武天皇の皇子・高市皇子の息子である。その妃のひとり、王妃吉備は天武天皇の皇子・草壁皇子の娘。長屋王は嫡流の皇位継承ナンバーワンの位置にあった。

聖武天皇のもとで長屋王は事実上の宰相、政治力は聖武天皇を凌駕していた。長屋王邸宅は一万八千坪という広大な敷地だった。優雅な庭には池、その池に鶴。氷室、大きな倉庫などが建てられていた。牛乳を飲み、チーズを食べていた事実も発掘調査で判明している。この邸は首相府でもあり交易センターを兼ねていた。出土した夥しい木簡（十万本を超える）がそれを証明した。

長屋王の祟りで、藤原不比等の次男、藤原房前《ふささき》が四月にみまかり、七月に藤原麻呂《まろ》（不比等の四男）が死去した。天皇は朝廷での執務を取りやめ、隔離状態になった。同月下旬、藤原武智麻呂《たけちまろ》が薨じた（不比等の長男）、翌月、三男藤原宇合《うまかい》が死去した。これで藤原四兄弟全員が死亡し、それまで野心を隠し雌伏してきた藤原仲麻呂のサイコロの目が変わった。

仲麻呂の野心は藤原四兄弟より深く、その傲慢さは後の道鏡とて到底およばないほど強烈だった。あまつさえ仲麻呂はシナ狂いだった。

『藤氏家伝』は四兄弟のなかで、武智麻呂だけを評価する。

「武智麻呂公は、天子の徳政によって、身分の高い人も民衆もみな安泰で、鬼神も和《なご》み祟《たた》りをなすこともなく、天下太平であるように国家のために尽力したのである。その忠義と貞節に対する評判はきわめて高く、その人徳は完全無欠な玉のようである」（ちくま学芸文庫）

その武智麻呂の子が比類無き野心家の藤原仲麻呂である。つまり『藤氏家伝』は仲麻呂が編纂したのである。『藤氏家伝』はシナの史書の文体から表現、語彙において強烈な影響を受けている。

シナの熱狂的崇拝者だった藤原仲麻呂は政敵排除に熱心だった。吉備真備を嫌ったのは仲麻呂が足下にも及ばない教養と博学に嫉妬し、優秀な人材を遠ざけた。遣唐使として帰国した吉備真備は周囲から出自が低かったため嫉妬され、不満が燻《くすぶ》っていた。従八位から従五位に異例の出世を遂げ朝廷で重きをなしたので藤原一族が吉備真備を目の仇と意識するのも、かれらの強敵となる橘諸兄と親しかったからだ。

橘諸兄は美奴王（葛城）と県犬養美千代の間に生まれた。ところが県犬養美千代は美奴王と別れ、藤原不比等夫人となって（重婚状態だった）安宿媛を産んだ。橘諸兄は宿禰《すくね》を希望したが、中国古典「礼記」により諸兄としたらしく天皇家に近い存在を印象づけた。

藤原四兄弟が死ぬと、一時的に橘諸兄に幸運の星が纏った。政権首班、右大臣となり、次第に頭角をあらわしてきた藤原仲麻呂と対立する。

聖武天皇は長屋王の怨霊から逃げようとものものけに憑かれ、合理性のない遷都を繰り返す一方で、東大寺大仏が象徴するようにあちこちに仏閣建立を急ぎ、日本のまつりごとは、この聖武天皇の仏教への帰依と遷都症候群を基軸に動く。当時の宮廷人や豪族や知識人の思考体系には合理主義の精神はない。

天平十二年（740）に藤原広嗣は筑紫で兵を挙げて失敗し、このときに橘諸兄が恭仁《くに》京への遷都を促した。

天平勝宝七年（755）、天皇が病に臥《ふ》し、翌年に諸兄は自ら右大臣を辞職した。藤原仲麻呂の天下がきた。これに不満を持つ息子の橘奈良麻呂はクーデター未遂に仆《たお》れた。もっともこの「奈良麻呂の乱」というクーデタ未遂なるものも藤原仲麻呂のでっちあげた罠だった。潜在的な候補の間に熾烈な死闘が演じられた。このスタイルもシナから伝わった政治の謀を実践した蘇我氏の遣り方を踏襲している。

藤原道長は、こうした血族の暗い血を受け継いでおり、暗さを仏教に帰依することで洗浄しようとしたのかもしれない。

エピローグ

望月はかけた
何が足りなかったのか

稲盛和夫の出家得度

ノーベル賞に比肩しうる「京都賞」は、先端技術、基礎科学、精神科学（思想、芸術）の三つの分野で卓越した研究者や実践家に贈られる。賞金は各4500万円。これまでに山中伸介、黒澤明など錚々《そうそう》たる人たちが受賞した。

京セラの創始者、稲盛和夫が「人類の未来は科学の発展と精神的深化のバランスによって安定する」として設立した賞である。当初「稲盛賞」と呼称する段取りだったが、稲盛自ら断った。稲盛は令和四年に90歳で天寿を全うした。

「財は散ずるに道あり」と稲盛和夫は書き残している。

経営の神様、アメーバ経営、「経営に権謀術策は要らない」等の名言や、JALの再建で知られる稲盛和夫は、京セラ経営が絶頂のときに出家し、托鉢僧として町を廻った経験がある。藤原道長の人生航路に似ている。

平成九年（1997）に稲盛は臨済宗妙心寺派の円福寺で得度、本格修行を行った。祖母が隠れ念仏を唱えていて、若い頃から「仏門に入って勉強したい」と考えていた。円福寺は京都の八幡市にあって大阪府枚方市に近く座禅道場で有名な禅寺である。稲盛が道場再建にあたって寄付した。足利時代のダルマ（重要文化財）がある。

財を散じ、社会に貢献し、自らは仏教に帰依する。まさに藤原道長の生き方と重なるのである。

出家や得度は世間を捨てる行為であり、上座部仏教（小乗仏教）の特徴である。稲盛は何かに踏ん切りをつけて剃髪し、読経などの通過儀礼を行った。托鉢で民家の入口に立つと五百円玉がチャリンと投げ込まれ、お金の大切さ、「五百円のありがたみ」を実感したと語っている。その修行を通じて「理屈で理解したいと思っていたが、本当に宗教を信じた。宗教に帰依したことを実感として持てた」。

稲盛の経営哲学は『生き方　人間として一番大切なこと』（サンマーク出版）にまとまり、日本、中国ばかりか世界十六か国語に翻訳され読まれ続けている。世界の若者で起業を目指す人にとくに人気がある。また中国での人気は異常といえるほどに高い。

その書の中で稲盛はこう書いた。

「大成功を収め、地位や名声、財産を獲得したとします。人はそれを見て、『なんと素晴らしい人生だろう』とうらやむことでしょう。ところが実は、それさえも天が与えた厳しい『試練』なのです。成功した結果、地位に傲り、財に溺れ、努力を怠るようになっていくのか、それとも成功を糧に、さらに一貫する気高い目標を掲げ、謙虚に努力を重ねていくのかに拠って、その後の人生は天と地ほどに変わってしまうのです」。

かくいう筆者は稲盛和夫と中国経済をめぐって議論したことがある。

およそ四半世紀前、正確な日取りを思い出せないが、経営コンサルタント「タナベ経営」の田辺昇一社長が京都財界人をあつめた忘年会を少人数で行うので宴前に一時間弱、講演を頼まれて出かけた。洛北の静寂な料亭に着くと京都財界を代表するお歴々がこたつを囲んで談笑していた。

タナベ経営の幹部セミナーである「社長会」には北は北海道から南は九州まで何回か講演に呼ばれた。稲盛和夫は静かに私の話に耳を傾けていたが、中国経済の未来にいささか楽天的だったことを印象深く覚えている。ともかく謙虚な人で人生の絶頂に仏門に帰依した晩年は藤原道長を彷彿させる。

早熟の天才作家ランボーは「我々は聖霊に向かって行くのだ」という言葉を残した。

執行草舟『人生のロゴス』（実業之日本社）は「武士道の不合理に哭き、その矛盾と格闘してきた」ので、「無頼にはあこがれがある。不良には不良の名誉というものがあるのだ。それが、ランボーの『聖霊』と溶け合っている。ランボーによって、武士道の中に聖霊を見いだすことが出来るようになった」（中略）「その聖霊と出会った頃から現世には興味が無くなった。現世を作り上げた何者かと向かい合いたいと思った」と書いて熱狂的な人生への取り組みを示した。

アンドレ・ジードは「人間は幸福になるためにうまれてきたのではない」と言った。

執行草舟はジードの『狭き門』は「人生に一つの革命をもたらすものだった」。すなわち「純愛のもつ高貴性がそれを乗り越えて到達する生命の実存」であり、『葉隠』がいう「忍ぶ恋」とは何かを摑んだのだと言う。

ドストエフスキーは「どんなでたらめをやっても、心さえ歪んでいなければ、最後には必ず正しい道に到達する」。

福田恆存は『人間・この劇的なるもの』のなかで、「私たちが欲しているのは、自己の自由ではない。自己の宿命である」。

執行草舟は、この言葉を座右の銘として、初読の中学一年のときに「深い喜びを感じた」のだが、六十年後に「深い悲しみを見るのだ。ただただ涙が滲む」。なぜなら「私は現代が最も失った考え方が、この言葉にあると思う。そして自分たちの生命がもっと必要とする思想が、やはりこの言葉の中にあると考えるのである」。

航海王エンリケ王子の碑銘には「航海をすることが必要なのだ。生きるとは必要ではない」。

ヘミングウェイは『老人と海』で老漁師を描いた。「彼は決意にみなぎっていたが、ほとんど希望は持っていなかった」。

これらの生き方とは対極にあると考えられる藤原道長の時代に武士道の精神なるものは影も形もない。

道長はいったい何に人生を燃焼させたのか。価値観が異なるとはいえ、権力の中枢にありながら権力の虚無を同時に認識していたのではないか。それが仏教と和歌へののめり込むことではなかったのか。

光と闇のなかで宮廷人は和歌を詠んだ。現世では天皇の側近として権力状況を醸成しつつ、その権力を巧妙に行使して絶頂を極めた政治家ながら、国家百年の計を語ることはなく、斬新な制度改革には無縁であり、若き日から執拗な出家願望があり、極楽浄土の実現を目指して壮大な伽藍の法成寺を建立し、写経に熱中して金峯山寺に埋経した。

寿命がつきかけたことを意識した藤原道長は僧・行覚を名乗り、阿弥陀如来像を安置するために壮大な阿弥陀堂造営に踏み切った。この無量寿院に講堂、薬師堂、経蔵を加えて法成寺とし、その阿弥陀堂で旅立った。

【藤原道長の生涯年表】

年（西暦）	道長の年齢	主な出来ごと
966	1歳	藤原兼家の五男（季子）として生まれる
969	4	安和の変
980	15	従五位下
984	19	右兵衛権佐
986	21	左近衛少将　従四位下
987	22	従三位　源雅信の娘・倫子と結婚
988	23	権中納言　源高明の娘・明子と結婚。彰子誕生（母は倫子）
991	26	権大納言
992	27	長男の頼通が誕生（母は倫子）
995	30	内覧の宣旨。右大臣に。政界に本格登場
996	31	左大臣　正二位（この時までに頼宗、妍子、教通ら誕生）
999	34	彰子入内　威子が誕生（母は倫子）
1000	35	彰子立后
1005	40	木幡浄妙寺三昧堂供養（この頃、紫式部が彰子の女御に）
1007	42	長斎（二か月の禊ぎ）。金峯山に詣でる
1008	43	彰子が敦成親王（後一条天皇）を産む

1009	44	彰子が敦良親王（後朱雀天皇）を産む
1010	45	妍子、東宮居貞親王（三条天皇）妃に
1011	46	土御門邸で阿弥陀仏供養、関白就任を辞退
1013	48	頼通が権大納言、教通が権中納言
1016	51	摂政　三条天皇が譲位され後一条天皇が即位
1017	52	摂政を辞任（後任は頼通）、太政大臣従一位
1018	53	太政大臣辞任。10月16日の宴で「わが世」の和歌を詠む
1019	54	出家（法名は行観、のちに行覚）、東大寺で受戒
1020	55	無量寿院が落慶　東大寺で受戒
1021	56	無量寿院西北院供養　頼通は左大臣　教通は右大臣
1022	57	法成寺（無量寿院改名）で金堂供養
1023	58	阿弥陀堂で法事。高野山を参詣
1024	59	法成寺で薬師堂供養
1025	60	嬉子が東宮敦良親王の皇子（後冷泉天皇）を産むが死去
1026	61	彰子が出家
1027	62	妍子が死去 12月4日　道長死去（墓は宇治木幡の藤原氏墓所32番）

【著者紹介】

宮崎正弘（みやざきまさひろ）

昭和21年金沢生まれ、早稲田大学英文科中退。評論家、中国問題にも詳しい。本能寺の変は義挙だったとした『明智光秀　五百年の孤独』（徳間書店）は斯界に衝撃を与えた。このシリーズには『徳川家康　480年の孤独』（ビジネス社）。また古代史では『歪められた日本史』『葬られた古代王朝　高志国と継体天皇の謎』（宝島社新書）、『間違いだらけの古代史』『歩いてみて解けた「古事記」の謎』（育鵬社）、『神武天皇「以前」』（扶桑社）など問題作が多い。歴史評論ではかならず関連箇所の現地取材に基づく新説に注目が集まる。

藤原道長　千年の夢

第１刷　2023年10月31日

著　者　宮崎正弘
発行者　小宮英行
発行所　株式会社徳間書店
〒141-8202　東京都品川区上大崎３－１－１
目黒セントラルスクエア
電　話　編集（03）5403-4344／販売（049）293-5521
振　替　00140-0-44392
印　刷　本郷印刷株式会社
カバー印刷　真生印刷株式会社
製　本　ナショナル製本協同組合

乱丁・落丁はお取り替えいたします。

Printed in Japan
ISBN978-4-19-865702-4